KB009976

당신도 1개월 만(滿)에
자격증을 딸 수 있다!

- 공인중개사, 주택관리사, 전산회계운용사,
사회복지사, 신용관리사, 전자상거래운용사,
물류관리사, 유통관리사, 방송대 기말평가 등 -

서문

서　문

　자격증의 홍수 시대! 이 말을 부인할 사람은 아마도 없을 것 같습니다. 국가자격증이든 민간자격증이든 각 분야별로 자격증 시험이 넘쳐나는 것 같습니다. 한국산업인력공단에서 운영하는 큐넷(Q-Net) 사이트나 대한상공회의소 자격평가사업단 홈페이지 등에 들어가 보면 업종별로 어떤 자격증들이 있는지 확인할 수 있습니다.

　취업을 준비하는 학생들은 스펙(Specification)을 높이기 위해 어학성적뿐 아니라 관련 분야의 자격증까지 닥치는 대로 취득하는 분위기이고, 직장인들 역시 승진이나 더 나은 직장으로의 이직을 위해 새로운 자격증을 추구하기도 합니다. 특별히, 퇴직을 앞둔 나이 든 직장인들은 퇴직 후 제2막을 위한 준비 차원에서 미리 관련 자격증을 준비하기도 합니다.

　또, 경우에 따라서는 몸담고 있는 회사나 조직에서 어떤 특정 업무를 위해 관련 자격증을 취득하도록 직원들을 종용하기도 합니다.

하지만, 생업에 종사하면서 틈틈이 공부하여 자격증을 취득하는 일이 결코 쉬운 일은 아닙니다. 학생들도 학업을 병행하면서 자격증 취득을 위한 공부를 별도로 하는 경우가 많습니다. 왜냐하면, 대학의 교육과정, 즉 커리큘럼(curriculum)은 특정 자격증에 맞추어 구성되는 것이 아니기 때문입니다. 물론 그중 일부는 어떤 자격증을 위한 시험과목에 해당하기도 하겠지만, 정확하게 자격시험에서 요구하는 학습범위와 일치하기는 어렵습니다. 따라서 대개 자격증 취득을 위한 공부는 그 자격증에서 요구하는 시험과목과 학습범위를 중심으로 별도로 준비해 나가야 합니다.

부동산 공인중개사 자격시험의 경우는 전업주부들도 많이 도전하고 또 많이 합격합니다. 그렇지만 전업주부라고 해서 그냥 공부만 하는 사람들은 아닙니다. 대개는 아이들 키우면서 살림살이하면서 틈틈이 공부하는 사람들입니다.

따라서, 인생의 성공을 위해 2~3년을 오로지 특정 자격증을 위해 돈과 시간과 열정을 투자하는 몇 가지 고급 자격증 외에는 매일매일 본연의 과업을 수행하면서 추가적인 노력으로 취득하는 자격증이 대부분이고, 그래서 그만큼 자격증 취득이 어려운 것입니다.

필자도 30년 이상 직장생활을 하면서 꽤 많은 자격증을 취득하였는데, 생업 외에도 종교활동, 야학강사, 사회단체참여 등 분주하게 사는 스타일이라 늘 시간이 부족하여 매번 자격시험 시행공고가 난 이후에야 부랴부랴 시험준비에 돌입하곤 하였습니다.

그렇지만 운이 좋아서인지 아니면 찍기(?)를 잘해서인지 매 시험에 모두 합격하였는데, 이런 저를 최근 어떤 동료는 "와, 무조건 한 달 만에 자격증 따는 사람이야! 공인중개사도 한 달 만에 땄어! 알고 보니 천재야, 천재!"라고 말하더군요. 물론 저는 손사래를 쳤지만, 왜 그렇게 되었을까 곰곰이 생각해 보는 계기가 되었습니다.

저에 대해서는 제 스스로가 제일 잘 아는데, 저는 소위 말하는 천재가 결코 아닙니다. 그럼 과연 어떻게 공부하고 어떻게 시험을 보았기에 한 달 만에, 그것도 별 교재도 없이 과거 수년간의 기출문제만 가지고 매번 자격증 시험에 합격하였을까요?

돌이켜 차근차근 생각해 보니 그럴만한 이유가 생각났

습니다. 그래서 본서를 집필하게 되었습니다. 제가 왜 단시간에, 과거 수년간의 기출문제만 공부하고도 응시한 모든 자격시험에 당당히 합격하였는지 그 비법을 독자 여러분들과 공유하면 많은 분들에게 도움이 되겠다는 생각이 들었습니다.

아무쪼록 이 책을 통해 각종 자격증 시험을 준비하고 계시거나 앞으로 도전할 계획을 가지고 계신 분들이 가능하면 짧은 시간에, 그리고 효율적인 준비과정을 거쳐 단번에 원하는 자격증을 취득하는 기쁨을 체험하시길 기원드립니다.

< 목 차 >

서문

제 1 장 자격증이란 무엇인가? 9

제 2 장 <묻고 답하는 방식>의 학습법 ...17

제 3 장 만(滿) 1개월의 의미 25

제 4 장 왜 기출문제가 유용한가? 31

제 5 장 도구의 중요성 45

제 6 장 시험에도 테크닉이 필요하다 53

제 7 장 기출문제 정답 달기 69

제 8 장 유사문제 통합하기 75

제 9 장 부연설명(해설) 추가하기 83

제 10 장 완성된 단일문제 사례 117

제 11 장 자료 완성 후 학습법 127

제 12 장 단기학습과 실무능력의 상관성..135

에필로그

01

자격증이란 무엇인가?

제 1 장 자격증이란 무엇인가?

사전적 의미로만 본다면, 자격증(資格證)은 "각 분야에서 일정한 능력을 갖춘 사람에게 그 능력을 인정해 주는 증명서"입니다.

하지만, 모든 분야에서 자격증을 요구하는 것은 아닙니다. 업종에 따라 자격증이 필수적으로 요구되는 경우도 있고, 선택적으로 요구되는 경우도 있으며, 아예 자격증 유무를 묻지 않는 경우도 있습니다.

그렇다면 왜 그렇게 많은 사람들이 자격증 취득에 돈과 시간과 열정을 쏟아붓는 것일까요? 자격증의 기능이 단순히 하나의 증명서로 한정되지 않는 경우도 많기 때문입니다.

변호사나 회계사나 의사 같은 자격증은 그 자체로서 새로운 사회적 신분의 획득으로 연결됩니다. 교사자격증이나 사서자격증 같은 경우는 최소한 자격증을 보유해야 임용고시에 응시할 수 있습니다.

또 공인중개사나 행정사나 미용사 같은 경우는 자격증 없이 개업할 수 없습니다. 일종의 진입장벽이라고 할 수 있습니다.

특정한 자격증 없이도 개업할 수 있는 자영업이라면, 아무런 진입장벽도 없어 누구나 마음만 먹으면 개업할 수 있는 업종이라면 아마 경쟁이 더 치열해질 수밖에 없고 그만큼 그 분야에서 성공하기도 어려울 것입니다.

그래서 사람들은 이왕이면 진입장벽이 있는 업종을 선택하고, 일종의 진입장벽에 해당하는 자격증을 취득하려고 노력하는 것입니다.

동일 업종 내에서도 여러 가지 자격증이 약간씩 수준을 달리해서 존재하기도 하고, 동일 자격증이라 할지라도 1급, 2급, 3급 등과 같이 차등적으로 구분되기도 합니다. 자격증 수준에 따라 사회적 대우도 달라지고 직장 내에서의 처우도 달라지는 경우가 많습니다. 연봉계약이나 승진심사에서 자격증 유무가 크게 작용하는 직종도 있습니다.

그래서 학원가에서는 인기 있는 자격증을 유망자격증으로 분류하여 수강생들을 모집하고, 수강생들은 비싼 수강료를 감수하면서까지 그 자격증을 취득하려고 노력하는 것입니다.

자격증의 종류를 크게 분류해 보면, 국가기술자격증, 국가전문자격증, 국가공인민간자격증, 민간자격증 등으로 나눌 수 있습니다.

　취득 방법으로 구분해 보면, 법학전문대학원(로스쿨, law school)이나 의학전문대학원 같이 특정한 교육과정을 거쳐야만 자격증 시험에 응시할 수 있는 경우가 있고, 공인회계사 시험처럼 특정한 전공과목을 일정 학점 이상 이수하여야 응시자격을 주는 경우도 있으며, 대학이나 대학원에서 일정 학점만 이수하면 별도의 시험 없이 자격증을 주는 경우도 있습니다. 뿐만 아니라, 아무런 조건 없이 누구나 공부하여 자격시험에 응시할 수 있는 자격증도 많습니다. 그리고 자격시험과 현장실습을 거쳐야만 취득할 수 있는 자격증도 있습니다.

　자격시험의 경우, 그 방법도 다양합니다. 객관식 필기시험 한 번만 보는 시험도 있고, 1차 객관식과 2차 주관식(논술형) 시험을 나누어 보는 경우도 있습니다. 필기시험과 실기시험을 별도로 보는 경우도 있고, 1차와 2차 객관식 필기시험을 하루에 모두 보는 시험도 있습니다.

　또 어떤 경우에는 객관식 필기시험 합격 후 지정된 시

설이나 조직에서 일정 시간의 현장실습을 이수해야 자격
증이 수여되는 경우도 있습니다.

하지만, 본서에서 다루고자 하는 자격증은 자격시험을
요하는 자격증 중 객관식 필기시험만으로 합격자를 선발
하는 경우에 한정됩니다. 시험이 1차와 2차로 나누어져
있든 그렇지 않든 객관식 필기시험으로만 선발하는 경우
라면 모두 해당될 수 있습니다.

공인중개사 자격시험처럼 1차 2 과목과 2차 3 과목을
같은 날에 모두 응시해야 하는 경우에도, 모두 객관식
필기시험의 형태이므로 본서에서 다루고자 하는 자격증
시험에 해당합니다.

하지만, 1차 객관식 시험 합격 후 2차 주관식(논술형)
시험에 추가로 합격해야 한다든지, 장기간의 교육과정을
필수적으로 이수한 후 응시해야 하는 자격시험이라면 본
서에서 다루고자 하는 자격증에 해당하지 않습니다.

다만, 1차 객관식 필기시험 합격 후 실기시험이나 일
정 시간의 현장실습을 추가로 이수해야 자격증 취득이
가능한 경우에는, <1차 객관식 필기시험>만 본서에서 다
루고자 하는 자격시험에 해당됩니다. 또한, 주택관리사

2차 시험과 같이 다수의 객관식 문제와 소수의 단답형 또는 기입형 문제로 구성되어 뚜렷하게 주관식(논술형) 시험이라고 볼 수 없는 경우도 본서에서 다루고자 하는 자격시험에 예외적으로 포함될 수 있습니다.

뿐만 아니라, 학사학위 취득도 일종의 자격증으로 볼 수 있다면, 4지 택일형 객관식으로 실시되는 한국방송통신대학교의 매 학기 기말평가도 본서에서 다루는 자격시험의 일종으로 볼 수 있습니다. 물론 최종적으로는 총 130학점~140학점 정도를 이수해야 학사학위를 취득하게 되겠지만!

더 나아가, 대학이나 대학원에서 사회복지계열 전공을 이수하거나 사회복지사 2급 자격증 취득 후 실무경력 1년 이상을 거친 분들이 응시하는 사회복지사 1급 자격시험도 5지 택일형 객관식 시험이므로 본서에서 다루는 자격시험이라고 할 수 있고, 대학에서 물리치료과나 치위생과 등을 졸업하고 응시하는 물리치료사나 치위생사 같은 자격증 역시 100% 객관식 시험으로 진행되므로 마찬가지입니다.

다시 말해, 본서에서 다루고자 하는 자격시험의 범위

는 대학생활을 하거나 직장생활을 하면서 필요에 따라 추가적인 노력으로 공부하여 취득하고자 하는 수준의 객관식 중심의 자격시험이면 그 어떤 종류이든 모두 해당된다고 할 수 있습니다.

구체적으로 예를 들어 보면, 공인중개사, 주택관리사, 사회복지사 1급, 물리치료사, 치위생사, 신용관리사, 요양보호사, 경비지도사, 물류관리사, 청소년지도사, 호텔관리사, 경매사, 재경관리사, 전산회계운용사, 유통관리사, 전자상거래운용사, 개인정보보호사, 전기기사나 가스기사 같은 각종 기사, 건설기계정비기능사나 신재생에너지발전설비기능사와 같은 각종 기능사 등 셀 수도 없이 많은 자격증 시험이 시행되고 있습니다.

한국방송통신대학교 기말평가, 독학학위취득시험, 각종 평생교육원 학점은행제 과정 시험 등도 객관식 위주로 진행되므로 본서에서 말하는 4지 택일형 또는 5지 택일형 자격증 시험과 유사하다고 말할 수 있습니다.

02

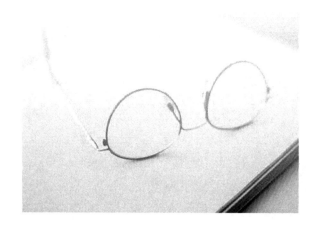

제 2 장 <묻고 답하는 방식>의 학습법

우리나라 교육의 문제점으로 한결같이 지적되는 점은 주입식 강의와 입시위주의 암기식 공부 방법으로 인하여 학생들의 창의성이 말살되고 상대방의 말을 끝까지 경청하고 자기주장을 논리적으로 전달하는 기초적인 토론능력조차 제대로 기를 수 없다는 것입니다.

반면, 서양의 교육방법은 주로 함께 토론하고 대화하고 실험하는 형식으로 전개되며, 학생들의 상상력을 높이고 창의성을 유발할 수 있는 다양한 활동으로 구성되는 경우가 많습니다.

고대 그리스의 유명한 철학자인 소크라테스는 문답으로 구성되는 대화를 통해 사람들의 무지를 깨우친 것으로 잘 알려져 있습니다. 우리는 그런 방법을 대화법 혹은 문답법이라고 배웠습니다.

뿐만 아니라, 노벨상 수상자를 가장 많이 배출하고 마이크로소프트(MS) 창업자인 빌 게이츠(Bill Gates), 애플(Apple) 창업자인 스티브 잡스(Steve Jobs), 페이스북 최고경영자인 마크 저커버그(Mark Elliot Zuckerberg)

같은 혁신적인 사업가도 그 어느 민족보다 많이 배출하고 있는 유대인들은 전통적인 교육방법을 아직도 고수하고 있는데, 짝토론으로 알려진 '하브루타'(Chavrusa, chavruta, havruta, חַבְרוּתָא) 방식이 그것입니다.

'하브루타'는 아람어로서 그 문자적 의미는 우정, 동반자 관계 등인데, 나이, 사회적 지위, 성별에 관계없이 두 사람씩 짝을 지어 묻고 답하는 토론방식으로 진리를 함께 추구하는 학습법입니다.

상대방의 질문이나 주장을 잘 경청하고, 자신의 생각을 논리적으로 잘 구성하여 설명함으로써 지식을 공유할 뿐만 아니라 토론 과정에서 전혀 새로운 관점으로 주제에 접근하는 지혜도 깨우치게 됩니다. 오늘날에는 전화, 인터넷, SNS 등과 같은 매체를 통해서도 '하브루타' 방식의 교육이 실행되고 있다고 합니다.

하지만, 우리나라의 교육방법이나 학습법은 학교든 학원이든 주입식 일방강의로 진행되고, 그 후에는 혼자서 암기하고 이해하는 복습 방법이 너무나 오랜 기간 당연하게 실행되어왔고, 이제는 딱딱하게 굳어져 변화를 시도하기조차 어려울 정도가 되어버렸습니다.

암기식 학습법이 당장은 많은 지식을 습득하는 것 같고, 학습량도 많은 것 같지만, 창의성을 기르거나 사회성을 함양하는 부분에서 크게 뒤처져 결국에는 타인과 원활하게 대화하고 토론하고 타협하는 능력이 부족하고, 공동이 참여하는 협업조직에서는 자신의 역할조차 제대로 감당하지 못하며, 기존의 방법을 답습할 줄은 알지만 새롭고 참신한 대안을 제시하고 도전하는 용기는 매우 부족하게 됩니다.

아주 드물게 번뜩이는 아이디어를 제안하고 실행하는 사람이 있긴 있지만, 그런 경우마저 격려하고 북돋우는 분위기라기보다는 "너 잘났다. 어디 한번 지켜보자." 하면서 방관하거나 심지어 훼방하기까지 하는 사례도 있을 만큼 창의성의 발휘나 새로운 도전이 힘든 사회적 환경임도 부인하기 어렵습니다.

학생이 마음껏 질문하고 대답하고 토론할 수 있도록 적절한 분위기를 만들어 주려고 노력하는 이스라엘의 교육환경이나 사회 분위기와 비교하면, 오직 1등만 추구하고 서열에서 뒤처지지 않기 위해 지나치게 경쟁하고 자신보다 앞서가는 동료를 시기하고 질투하고 심지어 모함까지 하기도 하는 우리나라의 분위기는 달라도 너무 달라 별천지 같습니다.

그렇지만 우리나라도 개별적으로 살펴보면 토론 잘하는 사람도 드물게 있고, 상상력이 뛰어나거나 창의적인 사람도 드물게 있고, 협업 잘하는 사람도 드물게 있습니다. 개인차가 있다는 것입니다.

그러면 실질적으로 개인 간의 차이란 무엇일까요? 새로운 것에 도전하려고 하는 자와 하려고 하지 않는 자의 차이, 또 하려고 하되 즉시 하는 자와 미루는 자의 차이, 마지막으로 즉시 하는 자 중에서도 바른 방향으로 하는 자와 열심히만 하는 자의 차이일 것입니다.

<묻고 답하는 방식>의 학습법도 우리나라의 오랜 교육방식에 비추어 볼 땐 새롭고 낯선 방식의 하나일 것입니다. 하지만 더 효과적이고 더 쉬운 방식임에도 낯설고 익숙하지 않아서 지금까지 외면되어 왔을 뿐입니다.

제 경우는 특별히 서양의 대화법 혹은 문답법을, 이스라엘의 하브루타를 어릴 때부터 알아서가 아니라, 성장과정에서 늘 시간이 부족했기 때문에, 짧은 시간에 시험공부를 완료하고 시험에 응시해야 했기 때문에, 저도 모

르게 본능적으로 문제 위주의 학습법을 실행해왔던 것 같습니다. 지나고 보니 그 방법이 문답법이었고 하브루타에 가까웠던 방법이라 생각됩니다.

왜 늘 시간이 부족했느냐고요? 저는 불행하게도 공부에만 몰두할 수 있는 가정에서 자라지 못했습니다. 국민학교(초등학교의 옛 명칭) 때는 농사일을 도우면서 학교를 다녔고, 중학교 때는 농사일에 꿀벌(부업)까지 키우며 학교를 다녀야 했습니다. 그리고 고등학교 과정은 검정고시를 거쳤는데, 서울에서 여러 직업을 전전하며 고학을 했습니다.

그런 환경에 적응하기 위해 시간은 덜 잡아먹으면서 결과는 더 낫게 나오는 효과적인 학습법을 자연스럽게 시도하게 된 것 같습니다.

바로 교재보다는 문제를 먼저 공부하는 방법, 문제의 질문에 대해 제 나름대로 답을 달아보기도 하고, 정답이 왜 그럴까 생각해 보기도 하고, 더 쉬운 풀이 방법은 없을까 고민하기도 하고, 교재나 참고서를 펼쳐서 그 문제에 해당되는 본문을 더 구체적으로 살펴보고 옮겨적기도 하는 등의 과정이 마치 <묻고 답하는 방식>과 유사했던 것 같습니다.

문제에서 주장하는 바를 경청하듯이 잘 이해한 후, 그에 대한 정답이나 여러 가지 해법을 마음속으로 생각해 보기도 하고, 소 꼴 먹이면서 혼자서 중얼거려보기도 했던 것은 하브루타 방식과 유사한 것이겠지요!

그래서 사회생활을 하면서 여러 가지 자격증 시험공부를 할 때도 유사한 방법으로 준비했던 것입니다. 그리고, 그 결과 약 1개월, 정확히는 자격증시험 시행공고가 난 날부터 시험일까지 집중적으로 그리고 전략적으로 준비하여 매번 합격하였던 것입니다.

저에게 효과가 있었던 학습법이라면 독자 여러분에게도 분명히 효과가 있을 것입니다. 그래서 감히 이 학습방법을 여러분들에게 소개하려고 하는 것입니다.

특정 전공과정을 이수해야 한다든가 고도의 전문적인 지식을 요하는 특수한 분야의 자격증이 아니라면, 그냥 우리 생활 속 어떤 분야에 해당하는 하나의 라이선스로서 누구나 필요에 따라 준비하여 도전할 수 있는 자격증이라면, 단순히 객관식 시험만으로 합격자를 배출하는 자격증이라면, 본 저자가 제시하는 방법을 그대로 가감

없이 실행할 경우 누구나 단기간, 다시 말해 만(滿) 1개
월 이내에 자격증을 취득할 수 있다는 것입니다.

03

만(滿) 1개월의 의미

제 3 장 만(滿) 1개월의 의미

만(滿) 1개월을 [한 달]로 오해하는 사람도 가끔 있는데, 만(滿) 1살이 12개월 이상 24개월 미만을 의미하듯 만(滿) 1개월은 30일 이상 60일 미만을 의미합니다.

예전에는 보통 자격증 시험의 시행공고가 아무리 늦어도 시험시행일 1개월 전에는 공고되도록 각종 시험 시행령이나 규칙에서 정하고 있었으므로, 시행공고가 난 후부터 <묻고 답하는 방식>으로 시험준비에 돌입하면 자격증 시험에 합격할 수 있었다는 의미입니다.

저의 경우, 1999년 2월 25일 대한매일신문(현 서울신문)에 게재된 그해 제10회 공인중개사 시험 시행공고문을 그 다음주(3월 첫 주)에 직장 후배로부터 전달받았습니다. 그리고 그때부터 기출문제집을 구입하여 출퇴근 시간에는 지하철 안에서, 퇴근 후에는 도서관에서 <묻고 답하는 방식>으로 열심히 공부하여 그해 4월 25일 시험에 응시하였고 또 합격하였습니다.

하지만, 요즘은 일반적으로 90일 이전에 시행공고가

되고, 1개월 이전에 원서접수를 하도록 하고 있기 때문에 사실상 원서접수일을 전후해서 시험준비를 시작하든지 아니면 60일 정도 남겨 놓은 시점부터 마음을 다잡고 자료준비를 시작해도 결코 늦지 않다는 의미입니다.

어쩌면 90일 이전에 관심 있는 분야의 자격시험 시행 공고를 미리 보기 때문에 마음의 준비도 자연스럽게 더 빨라지고, 관련 기사나 자료들도 더 관심 있게 볼 것이기 때문에 응시생 입장에서는 더 유리해진 환경이라고 할 수 있습니다. 더군다나 제가 소개하는 기출문제는 인터넷 사이트를 통해 무료로 다운로드 받을 수도 있는 시대가 되었으므로 비용 면에서도 더 유리해졌다고 할 수 있습니다.

좀 더 구체적으로 공인중개사 시험의 경우를 살펴보면, 공인중개사법 시행령 개정일인 2005년 12월 30일 전과 후, 그리고 2012년 5월 1일 개정 후가 다음과 같이 다릅니다.

(1) 2005년 12월 30일 시행령 개정 전 [제15조]
시험실시기관의 장이 시험을 시행하고자 하는 때에는

응시자격, 시험내용, 일시, 장소, 응시절차 및 합격자 결정방법 등 필요한 사항을 모든 응시희망자가 알 수 있도록 시험시행일 30일 전에 일간신문에 공고하여야 한다.

(2) 2005년 12월 30일 시행령 개정 후 [제7조 제3항]

시험시행기관장은 시험을 시행하고자 하는 때에는 시험일시, 시험장소, 시험방법, 합격자 결정방법 및 응시수수료의 반환에 관한 사항 등 시험의 시행에 관하여 필요한 사항을 시험시행일 60일 전까지 관보 및 일간신문에 공고하여야 한다.

(3) 2012년 5월 1일 시행령 개정 후 [제7조 제3항]

시험시행기관장은 시험을 시행하려는 때에는 시험일시, 시험장소, 시험방법, 합격자 결정방법 및 응시수수료의 반환에 관한 사항 등 시험의 시행에 필요한 사항을 시험시행일 90일 전까지 일간신문, 관보, 방송 중 하나 이상에 공고하고, 인터넷 홈페이지 등에도 이를 공고해야 한다.

물론, 모든 시험이 다 그렇듯이 자격시험의 경우도 전

혀 문외한인 경우보다는 그 분야에 대해 귀동냥으로라도 듣고 배운 바가 있는 경우 더 준비가 쉬울 것이고 기출문제에 대한 이해력도 높을 것입니다.

하기야, 공인중개사가 되고 싶은 사람이라면 신문이나 방송에서 흘러나오는 관련 기사나 뉴스에 귀를 닫을 리 없고, 신용관리사가 되고 싶은 사람이라면 방송에서 신용정보회사의 채권추심이나 개인회생이나 파산면책 등을 다루는 경우 관심을 기울이지 않을 리 없을 것입니다.

따라서, 대개의 경우 자격시험 도전자는 이미 그 분야에 대해 희미하게나마 어느 정도 선지식이 있는 경우가 많습니다. 그러므로 기출문제만으로도 전략적으로 보완하여 학습하면 충분히 만(滿) 1개월 이내에 자격증을 취득할 수 있다고 본 저자는 확신하는 것입니다.

조금 어렵다고 알려진 자격증이라면 60일 가까이 학습계획표를 짜서 전략적으로 <묻고 답하는 방식>의 학습법으로 진행하고, 덜 어려운 자격증이라면 원서접수 이후부터 시험준비를 시작해도 될 것입니다.

04

왜 기출문제가 유용한가?

제 4 장 왜 기출문제가 유용한가?

<묻고 답하는 방식>의 학습법에서, <묻고>에 해당하는 질문으로 가장 좋은 것은 기출문제라고 저는 자신 있게 말할 수 있습니다.

왜냐하면, 각종 자격시험 기출문제는 해당분야 전문가들이 자격취득을 원하는 응시생 입장에서 꼭 알아야 될 내용 중심으로 심혈을 기울여 출제한 가장 표준적이고 정제된 문제들이기 때문입니다.

심지어 공인중개사 시험의 경우는 공인중개사법 제4조 제2항에서 명시적으로 "공인중개사자격시험 수준의 균형유지"가 필요하다고 밝히고 있습니다. 이는 자격시험의 시험수준이 출제자의 기분에 따라 들쑥날쑥할 수 없다는 의미입니다. 일정한 난이도를 유지해야 한다는 뜻입니다. 이런 제한은 다른 자격시험에도 보편적으로 적용되는 기본원칙입니다.

뿐만 아니라, 공인중개사법 시행령 제9조 제3항에서는 출제위원이 출제 관련 규정 위반으로 시험의 신뢰도를 크게 떨어뜨리는 행위를 한 경우 향후 5년간 시험의 출제위원으로 위촉될 수 없도록 규정하고 있습니다. 법규상으로는 5년의 제한이지만 사실상으로는 영원히 제한된다고 볼 수 있습니다. 왜냐하면, 전문가가 넘치는 시대인데, 굳이 그런 이력을 가진 위험 인물을 출제위원으로 다시 위촉하는 모험을 감수할 이유가 없기 때문입니다.

비단 공인중개사 자격시험만 그럴까요? 아닙니다. 모든 자격시험이 유사합니다. 각 분야에서 전문가로 일하는 인물들이 너무 많고, 따라서 출제위원으로 위촉할 만한 자격을 갖춘 사람 또한 풍부하기 때문입니다.

출제위원들 또한 굉장히 조심스러워합니다. 왜냐하면, 자신의 이력에 출제규정 위반이라는 오점이 남으면 향후 다른 활동에서도 보이지 않게 불이익을 당할 수 있기 때문입니다.

그래서 특이한 문제를 출제하거나 어떤 응시생도 정답을 맞추기 어려운 고난이도의 문제를 출제하는 경우는 거의 없고, 자격 취득자라면 누구나 응당 알아야 할 일반적이고도 표준적인 질문을 문제로 출제하는 것입니다.

독자 여러분 중에서도 어떤 자격시험의 여러 해 기출문제를 비교해 본 경험이 있다면, 해마다 서로 비슷하고 거의 유사한 문제들도 적지 않음을 확인할 수 있었을 것입니다. 이는 위에서 언급한 이유들 때문입니다.

완전히 새롭고 낯선 문제도 아주 드물게 발견되기도 하지만, 합격을 좌지우지할 정도는 아니므로, 만(滿) 1개월 초단기 학습자 입장에서는 무시해도 된다고 말할 수 있습니다.

매 과목 100점 만점으로 하여 매 과목 40점 이상, 전 과목 평균 60점 이상 득점한 자를 합격자로 결정하는 자격시험에서는 수년간의 기출문제만으로 단기간 공부한 경우라 하더라도 본서에서 제시하는 방법대로 열심히 제대로 준비한 응시생이라면 한두 문제 때문에 실패할 가능성은 매우 낮기 때문입니다.

오늘날 자격증학원 업계에서는 각종 기출문제해설집을 출간하고, 자격시험 응시생들은 그런 책들을 구입하여 마무리 학습을 하곤 합니다. 그렇지만 그렇게 공부하고도 시험에 실패하는 경우가 더 많습니다.

그렇다면 왜 기출문제해설집으로 공부하고도 자격시험에 떨어질까요? 표준적이고 정제된 문제로만 구성된 기출문제로, 그것도 학원 강사들이 해설까지 덧붙인 교재로 마무리 학습을 했는데 왜 효과가 미미한 것일까요?

그것은 시중에서 유통되고 있는 기출문제해설집들이 한결같이 잇속 추구 목적으로 만들어졌고, 짧은 기간에 급히 대략 탈고한 탓으로 해설 내용이 허접한 경우가 많기 때문입니다.

사례를 들어, 설명해 보겠습니다.

---

9. 다음 중 유량(flow)의 경제변수는 모두 몇 개인가?
   [2020년 제31회 공인중개사 부동산학개론 기출]

○ 가계 자산	○ 노동자 소득
○ 가계 소비	○ 통화량
○ 자본 총량	○ 신규주택 공급량

   ① 1개   ② 2개   ❸ 3개   ④ 4개   ⑤ 5개

[해설] 유량변수는 '일정 기간' 동안 발생한 수치를 나타내고,
저량변수는 '일정 시점' 현재의 상태를 나타내는 지표
입니다. 노동자 소득과 가계 소비, 신규주택 공급량 등이
유량변수에 해당합니다.

위와 같이 간략하게만 해설을 달아서 공부한다면, 동일한 문제를 아래와 같이 예시만 살짝 바꾸어 출제해도 준비되지 못한 응시생들은 당황스러워질 수 있습니다.

---

9. 다음 중 유량(flow)의 경제변수는 모두 몇 개인가?

> ○ 가계 부채　　○ 국내총생산(GDP)
> ○ 실업자의 수　　○ 부동산가격
> ○ 외환보유액　　○ 신규주택 수요량

① 1개　**❷ 2개**　③ 3개　④ 4개　⑤ 5개

그러므로 다음과 같이 해설을 좀 더 상세하게 달고 구체적인 예시도 최대한 많이 제시함으로써 자격시험 응시생들이 유사문제에 더 대비할 수 있도록 해야 합니다.

[해설] 경제변수 중 유량변수는 '일정 기간'에 측정되는 지표로 소득, 수요량, 공급량, 국내총생산(GDP), 수출, 수입, 국제수지, 소비, 투자, 재정적자 등이 이에 해당 해당합니다. 여기서 일정 기간은 1년, 6개월, 3개월 등

과 같은 특정 기간을 의미합니다.

　반면, 저량(stock)변수는 12월 31일 현재, 3월 31일 현재와 같은 '일정 시점'에 측정되는 지표로 특정 시점 이전까지 유량변수가 누적된 결과를 말합니다. 기업의 재고량, 자산, 부채, 자본, 물가, 환율, 통화량, 주가, 실업자의 수, 부동산가격, 은행계좌잔고, 외환보유액 등이 저량변수에 해당합니다. 위 문제에선 신규주택 수요량과 국내총생산(GDP)이 유량변수에 해당합니다.

사례를 하나만 더 들어 보도록 하겠습니다.

---

57. 도시개발법령상 도시개발조합 총회의 의결사항 중 대의원회가 총회의 권한을 대행할 수 있는 사항은? [2020년 제31회 부동산공법 중 부동산 중개에 관련되는 규정 기출]
　① 정관의 변경　　　② 개발계획의 수립
　③ 조합장의 선임　　❹ 환지예정지의 지정
　⑤ 조합의 합병에 관한 사항

[해설] 대의원회는 총회의 의결사항 중 정관의 변경에

관한 사항 등「도시개발법 시행령」제36조에서 정하는 사항 외에는 총회의 권한을 대행할 수 있습니다.

위와 같은 형식으로 지나치게 간략하게만 해설을 달면 학습자들은 어차피 법령을 다시 펼쳐서 해당 조문을 찾아 공부해야 하는 불편함을 감수해야 하고, 그것이 귀찮은 학습자들은 그냥 문제와 정답만 공부하고 다음 문제로 넘어갈 가능성이 많습니다.

2012년도에 동일 내용에 대한 유사문제가 약간 다른 형식으로 출제되었는데, 이 문제에 대한 기존 해설집의 설명 또한 아래와 같이 너무 부실합니다.

---

96. 도시개발법령상 도시개발조합 총회의 의결사항 중 대의원회가 총회의 권한을 대행할 수 없는 사항은? [2012년 제23회 부동산공법 기출]
   ① 자금의 차입과 그 방법·이율 및 상환방법
   ② 체지비의 처분방법　　　❸ 이사의 선임
   ④ 부과금의 금액 또는 징수방법
   ⑤ 환지예정지의 지정

[해설] 조합임원(조합장, 이사, 감사)의 선임은 대의원회
가 총회의 권한을 대행할 수 없고 반드시 총회의
의결을 거쳐야 한다.

만일, 어떤 해에 다른 출제위원이 동일문제를 아래와
같이 지문 각 항목의 내용만 조금 많이 변형하여 출제하
면, 위 기출문제만으로 공부한 수험생들이 고민 없이 정
답을 고를 수 있을까요?

---

57. 도시개발법령상 도시개발조합 총회의 의결사항
중 대의원회가 총회의 권한을 대행할 수 없는
사항은?
① 개발계획의 경미한 변경
② 부과금의 금액 또는 징수방법
③ 환지계획의 경미한 변경
④ 조합원의 수지예산   ❺ 환지계획의 작성

아마도 선뜻 정답을 고를 수 있는 수험생은 그렇게 많
지 않을 것입니다. 따로 관련 법령을 펼쳐서 조금 폭넓
게 공부한 경우가 아니라면 어렵다고 느낄 수 있는 문제

일 것입니다.

하지만 2020년도 기출문제를 공부할 때 아래와 같이 제대로 된 해설이 달린 해설집으로 공부한 학습자라면 큰 어려움 없이 위 문제를 풀 수 있을 것입니다.

[해설]「도시개발법 시행령」제35조에는 총회의 의결 사항들이 나열되어 있고,「도시개발법 시행령」제36 조에서는 대의원회가 대행할 수 있는 총회의 의결사 항들에 대해 언급하고 있습니다. 총회의 의결사항들을 대의원회가 대행할 수 있는 것과 없는 것으로 구분해 보면 이하와 같습니다.

  (1) 대의원회가 대행 가능한 총회의 의결사항들

    ① 개발계획의 경미한 변경

    ② 도시개발사업에 관한 실시계획의 수립·변경

    ③ 자금의 차입과 그 방법·이율 및 상환방법

    ④ 조합원의 수지예산

    ⑤ 부과금의 금액 또는 징수방법

    ⑥ 환지계획의 경미한 변경

    ⑦ 환지예정지의 지정

    ⑧ 체지비 등의 처분방법

(2) 대의원회가 대행 불가한 총회의 의결사항들
　① 정관의 변경
　② 개발계획 및 실시계획의 수립 및 변경
　③ 환지계획의 작성
　④ 조합 임원의 선임 (조합장, 이사, 감사의 선임)
　⑤ 조합의 합병 또는 해산에 관한 사항

　다른 한편, 아래의 경우와 같이 문제의 지문 자체가 너무 길고 어렵게 느껴져 이해가 잘 안되는 경우도 있습니다. 이럴 경우에는 이해하기 쉽도록 해설이나 여백에 문제의 지문을 분석해 보면 좋습니다.

　물론, 분석하는 것 자체를 어려워하는 분들도 계시겠지만, 그것마저 분석이라는 말에 대한 오해에서 비롯된 고정관념입니다. 분석(分 나눌 분, 析 쪼갤 석)이란 말 그대로 문장을 여러 개로 나누고 쪼개는 것에 불과합니다. '분석'은 곧 '쪼개기'라는 의미입니다.

　4지 택일 또는 5지 택일 형식의 선택형 문제에서 긴 질문을 쉽게 이해하는 방법은 '문장분석', 곧 '문장쪼개기'입니다.

60. 채권자 甲은 채무자 乙과의 계속적 거래관계에서 발생하는 채권을 담보하기 위하여 X토지 위에 근저당권을 설정받았고(채권최고액 7천만원), 乙에 대한 채권총액은 1억 2천만원으로 확정되었다. 이때 乙이 X토지의 소유자인 경우(A사안), 丙이 乙로부터 X토지의 소유권을 취득한 경우(B사안), 乙의 물상보증인 丁이 X토지의 소유자인 경우(C사안)에 각 사안에서 乙·丙·丁이 각각 근저당권말소등기를 청구하기 위하여 甲에게 지급하여야 할 금액을 옳게 연결한 것은?(실행비용을 제외하며, 다툼이 있으면 판례에 의함) [2004년 제15회 공인중개사 민법 및 민사특별법 기출]

① 乙: 1억 2천만원, 丙: 1억 2천만원, 丁: 7천만원
❷ 乙: 1억 2천만원, 丙: 7천만원,   丁: 7천만원
③ 乙: 7천만원,   丙: 1억 2천만원, 丁: 1억 2천만원
④ 乙: 7천만원,   丙: 7천만원,   丁: 1억 2천만원
⑤ 乙: 1억 2천만원, 丙: 7천만원,   丁: 1억 2천만원

[해설] 위 문제는, 문제 자체에 대한 분석부터 제대로 해야 정답을 고를 수 있는데, 문제에서는 다음과

같이 세 가지 경우를 제시하고 있습니다.

공통적인 것은 甲이 채권자이고 乙이 채무자이며,
X토지 위에 근저당권이 설정되어 있다는 사실입니다.
그리고 甲과 乙 사이의 채권총액은 120,000,000원
이고, X토지 위에 설정된 근저당 채권최고액은
70,000,000원이라는 사실입니다.

  (1) A 경우 : 乙이 X토지 소유자.
  (2) B 경우 : 丙이 X토지 소유자.(乙로부터 매수)
  (3) C 경우 : 丁이 X토지 소유자.(丁은 乙의 물상보증인)

따라서, 乙·丙·丁이 甲에게 각각 지급할 금액은,
  (1) 乙은 채권총액 120,000,000원
  (2) 丙은 근저당 채권최고액 70,000,000원
  (3) 丁도 근저당 채권최고액 70,000,000원

시중에 유통 중인 모 해설집에는 위 문제에 대한 해설
이 아래와 같이 단 2줄뿐이더군요. 아마도 문제 자체에
대한 선이해가 없는 경우라면 해설을 읽어도 그 의미를
제대로 이해하기 어려울 수 있을 것입니다.

[해설] 채무자는 채무전액을, 물상보증인이나 제3취득자
는 최고액만을 변제하면 된다.

결국, 기출문제가 자격시험 준비에 정말 유용한 도구
이긴 하지만, 그 자체로서 완벽한 도구라는 의미는 아닙
니다. 하지만 도끼를 갈 듯 좋은 도구를 쓸모 있게 잘
보완하면 최고의 도구가 될 수 있을 것입니다.

05

도구의 중요성

제 5 장 도구의 중요성

자격증 시험을 비롯해서 공부하는 것은 그냥 열심히 하는 것이 정석이라고 미신처럼 믿는 사람들이 의외로 많습니다. 하지만, 전문가들에 의하면 사람들의 지능 수준 차이는 그렇게 크지 않다고 합니다.

두뇌력 차이보다는 오히려 방법과 전략과 도구의 차이가 더 크게 작용한다고 합니다. 그래서 공부 잘하는 방법, 집중력을 높이는 방법, 자기주도학습법 등 다양한 방법을 배우고, 입시전략 설명회에도 열심히 달려가고, 류연우논리수학, 재능스스로수학, 윤선생영어교실, 정철 어학원 등과 같은 도구를 선택하는 것입니다.

어째서 학창·시절에 별로 두각을 드러내지도 않던 평범했던 친구가 어느 날 변호사시험에 합격했다는 소식이 들릴까요? 누가 보아도 변호사시험과는 거리가 멀어 보였던 그가, 공부와는 전혀 어울리지 않는다고 여겨졌던 그가 놀랍게도 최고의 시험에 어떻게 당당히 합격할 수 있었을까요?

전혀 아니다 싶었던 사람이 어느 날 박사학위를 취득

하여 대학교수가 되어 있는 경우도 있습니다. 그들은 누군가의 도움으로, 또는 스스로 방법과 전략과 도구의 문제임을 깨닫고 새로운 방법과 전략과 도구로 시도했기 때문에 그렇게 된 것입니다.

비단 공부만 그러한 게 아닙니다. 이 세상 모든 것들이 그렇습니다. 학습방법, 진로를 선택하는 방법, 인생을 설계하는 방법이나 전략이나 도구 등에서 차이가 나면, 결과도 달라지는 것입니다.

자격증 시험도 어떤 사람들은 삼 년을 학원 다니며 공부해도 계속 불합격하는가 하면, 어떤 사람들은 독학으로 몇 개월만 공부하고도 거뜬히 합격하기도 합니다.

왜 그런 차이가 생길까요? 왜 그럴까요? 결국, 공부방법과 학습전략이나 도구의 차이가 더 크게 작용했다고 볼 수 있습니다. 특별히 60점이면 합격하는 자격증 시험에서는 더더욱 그렇습니다.

나이 들수록 실력보다는 공부방법과 학습전략이나 도구가 더 크게 작용하므로 그만큼 지혜롭게 용기있게 접근할 필요성이 있습니다.

운동이든 취미생활이든 건강관리든 재테크든 인테크든 뭐든 방법과 전략과 도구가 갈수록 더 중요해지고 있습니다. 왜냐하면, 결과는 수단과 방법과 전략의 차이에 따라 다르게 나타나기 때문입니다.

학원까지 다니면서 아무리 열심히 공부해도 자격시험에 떨어지는 사람이 있는가 하면 한두 달 만에 금방 합격하는 사람도 분명히 있습니다. 이 모든 것이 방법과 전략과 도구의 차이에서 비롯되는 것입니다.

물론, 아무리 좋은 도구와 방법을 동원하고, 최상의 전략을 설정해도 실행력이 실질적으로 뒷받침되지 않으면 무용지물이 되고 맙니다. 특별히 만(滿) 1개월이라는 단기학습의 경우는 <선택과 집중>의 방식으로 몰입하는 실행이 반드시 필요합니다.

아무튼, 자격증 시험은 다년간의 기출문제에 해설만 상세하게 잘 추가해서 반복적으로 공부하면 문제은행을 공부하는 효과가 있으며, 문제은행식 출제가 아닌 방식의 출제라 할지라도 종국적으로는 문제은행식 출제와 같은 결과가 되도록 스스로 만들 수 있습니다.

다시 말해, 제대로 된 기출문제해설집 단 한 권으로도

충분히 1개월 만(滿)에 자격증을 취득할 수 있다는 것입니다. 그렇지만 자신에게 가장 잘 맞는 제대로 된 기출문제해설집은 자기자신만 만들 수 있습니다.

왜냐하면, 사람에 따라 별로 학습을 깊게 하지 않아도 그냥 쉽게 이해되는 문제도 있습니다. 그것은 그가 이미 사회생활 속에서 그런 문제와 관련된 경험을 직접 했거나 누군가에게 들은 지식이 기억 속에 또렷하게 남은 경우일 것입니다.

또한, 각 기출문제를 보완할 때도 마찬가지입니다. 사람마다 보완해야 할 분량이 다를 수 있습니다. 유사문제를 한 문제로 묶거나 단일화된 문제에 부연설명을 추가할 때, 이미 아는 내용은 포함시킬 필요가 없는데, 그 정도가 사람마다 다르기 때문입니다.

그리고 기출문제에 대한 보완 스타일도 사람마다 다를 수 있습니다. 각자 자기에게 가장 편하고 경제적인 방식으로 익숙한 방식으로 보완해야 학습효과도 최고도로 높일 수 있기 때문입니다.

뿐만 아니라, 기출문제해설집을 자격시험 준비생이 스스로 직접 만들면, 유사문제를 하나로 ㅁㅇ고, 관련 교재 내용을 구체적으로 찾고, 추가해야 할 내용을 문제 옆 여백이나 하단에 해설의 형태로 기록하는 과정에서 일차적인 학습을 하게 되는 효과가 발생하기 때문에 더욱 유용합니다.

재미있게 자신의 손으로 자료를 찾고 기록하고 문장을 구성하는 과정이 단순한 작업 같지만 스스로도 모르게 자신의 의식 속에 그 내용이 잠재되기 때문입니다. 시각과 촉각이 동시에 작용하는 학습인데, 입으로 읽거나 중얼거리기라도 하면 청각까지 가세하기 때문에 학습효과가 더 커지는 것입니다. 교육전문가들에 따르면, 학습효과는 청각->시각->촉각(체험) 순으로 커지는데, 이들을 결합하면 시너지가 생겨 더욱 효과적이라고 합니다.

누군가가 만들어준 기출문제해설집으로 열심히 공부해도 별로 효과를 못 보는 경우가 많은데, 그것은 자신이 직접 만든 것이 아니었고, 그에게 별로 맞지도 않는 도구였기 때문입니다.

4장에서 예시한 <유량의 경제변수>에 관한 기출문제를 어떤 시험준비생이 다른 스타일로 보완한 사례를 소개해보면 다음 그림과 같습니다.

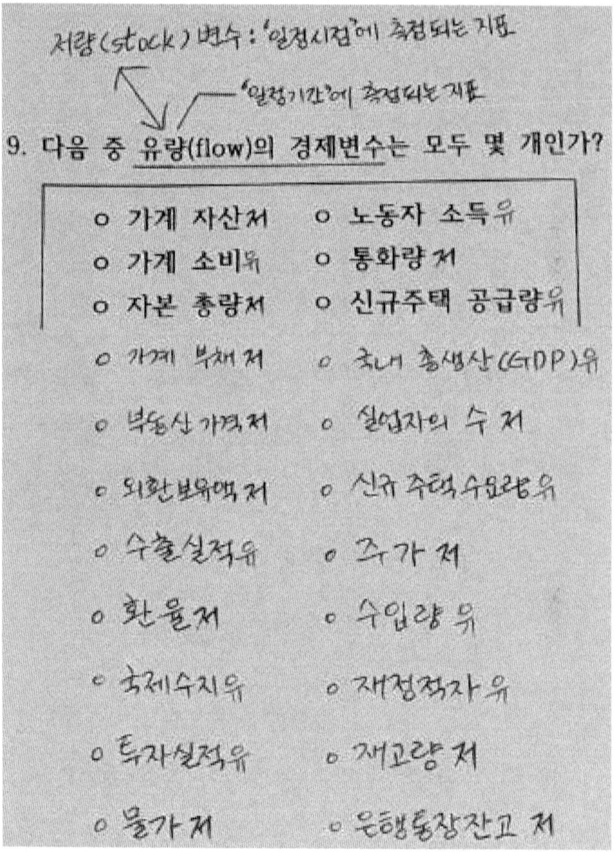
저량(stock)변수 : '일정시점'에 측정되는 지표

'일정기간'에 측정되는 지표

9. 다음 중 유량(flow)의 경제변수는 모두 몇 개인가?

o 가계 자산저　o 노동자 소득유
o 가계 소비유　o 통화량저
o 자본 총량저　o 신규주택 공급량유
o 가계 부채 저　o 국내 총생산(GDP)유
o 부동산 가격저　o 실업자의 수 저
o 외환보유액저　o 신규 주택 수요량유
o 수출실적유　o 주가 저
o 환율저　o 수입량 유
o 국제수지유　o 재정적자 유
o 투자실적유　o 재고량 저
o 물가 저　o 은행통장잔고 저

수능시험에서 만점을 받거나 전국 수석을 한 학생들의

공부방법을 방송에서 소개하는 경우를 보면, 해마다 사람마다 다름을 알 수 있는데, 중요한 것은 각각 자신만의 학습방법이 다 있었다는 것입니다.

따라서, 자격시험의 경우 기출문제라는 학습 도구를 자신에게 맞게 스스로 보완하여 가장 유용한 도구로 활용하는 것이 제일 중요합니다.

도끼를 오래 갈아야 쉽게 나무를 자를 수 있듯이 기출문제를 보완하는 작업에 만(滿) 1개월 중 거의 절반 이상의 기간이 소요될 수도 있습니다. 그래도 인내를 가지고 기출문제 보완작업을 잘 해내어야 그 이후의 시험준비가 재미있고 자신감도 생기고 또 실제로 좋은 결과로 이어질 수 있음을 꼭 기억해야 합니다.

06

시험에도 테크닉이 필요하다

제 6 장 시험에도 테크닉이 필요하다

어떤 시험이든 수험생들은 늘 긴장되고 초조한 마음으로 응시하기 때문에 시험장에서 시간을 적절하게 조절한다든지 평소 생각했던 응시전략대로 시험을 본다든지 하기가 사실상 쉽지 않습니다. 더군다나, 시험준비가 덜된 상태에서 도전하는 경우라면 더더욱 그렇습니다.

하지만, 모든 시험에는 실력뿐 아니라 전략도 결과에 영향을 크게 미칩니다. 그렇지만 시간의 제한과 긴장을 풀 수 없는 팽팽한 분위기 속에서는 생각했던 전략을 100% 실행에 옮기기가 결코 만만하지 않습니다. 그래서 운동 선수들은 실전을 대비하는 과정에서 담력훈련도 하는 것입니다. 분위기에 좌우되지 않을 정도의 담력과 자신감을 키우는 것이지요.

자격시험의 경우에도 당당한 자신감과 '안 되면 내년에 바짝 한 번 더 하지 뭐. 만(滿) 1개월 더 투자하면 되지 뭐.'와 같은 배짱으로 과감하게 응시하고, 생각했던 전략대로 실행할 마음의 여유를 가질 수 있어야 합니다.

시험에서 전략이란 일종의 테크닉(technic)이라고도

할 수 있습니다. 특별히 한정된 시간 안에 주어진 문제를 모두 풀고 답안지에 옮겨야 하는 자격시험의 경우에는 시간관리가 제일 중요합니다.

어떻게 하면 한정된 시간을 가장 효율적으로, 부족하지 않게 활용할 수 있을까요? 물론 모든 문제가 읽자마자 정답을 표시할 수 있을 정도로 다 풀리는 문제라면 시간 걱정은 하지 않아도 될 것입니다. 그러나 대부분의 수험생들은 그렇게까지 철저하고 완벽하게 시험공부를 한 후 응시하지는 않습니다. 그래서 중간중간 풀리지 않아 고민하게 되는 문제에 봉착하게 됩니다. 다시 말해, 비효율적인 고민에 시간을 많이 빼앗긴다는 사실입니다.

하지만, 사실 시간관리는 시험 전 단계에서부터 실행되어야 합니다. 그리고 그 외의 테크닉도 시험준비단계에서부터 실행되어야 합니다. 따라서 이하에서는 시험준비 단계와 응시단계, 그리고 시험종료 후 단계로 나누어서 필요한 테크닉을 제시해 보겠습니다.

<시험준비단계>

1개월 만(滿)에 자격시험을 준비하는 방법은 결코 벼

락치기 학습이 아닙니다. 오히려 바쁜 사람들이 짧은 기간에 집중적으로 긴축적으로 시간을 잘 활용하여 최대한의 효과를 거두려고 하는 전략입니다.

하지만, 학습기간이 만(滿) 1개월에 불과하므로 정말 시간을 알뜰하게 짜임새 있게 사용해야 합니다. 약간의 빈틈이라도 생기면 그 손실이 클 수밖에 없으므로 장소 불문하고 촘촘히 시간을 활용할 수 있어야 합니다.

우선은 7년치의 최근 기출문제를 무조건 출력해야 합니다. 사람에 따라서는 10년치를 출력해야 안심하는 분도 계신데, 그럴 땐 10년치를 준비하면 됩니다. 시험의 종류에 따라서는 5년치로도 충분한 경우 역시 있습니다.

본 저자의 관점에서는, 일반적인 경우는 7년치의 기출문제로도 충분하지만, 공인중개사, 주택관리사보, 보험계리사나 손해사정사 1차 시험 등과 같이 과목별 학습분량이 꽤 두툼한 경우는 10년치의 기출문제를 준비하면 무난하다고 생각됩니다.

일단, 확보된 기출문제는 바로 정답을 체크하고 하나씩 하나씩 가위로 잘라 유사문제끼리 모아야 합니다. 표준화된 출제이기 때문에 해마다 유사문제가 적지 않게 존재할 수밖에 없습니다.

실제로, 각종 자격증 시험의 다년간 기출문제들을 분석해 보면, ① 극히 드물게 유사문제 없이 출제된 경우가 있고, ② 여러 해에 걸쳐 반복적으로 유사문제가 출제되는 경우가 있고, ③ 또 유사문제 그룹이든 아니든 두 종류의 문제들이 겉으로 보기에는 별개의 내용 같은데 교재와 비교해 보면 짝으로 공부해야 하는 것들이 있습니다. 일종의 준유사문제라고 할 수 있겠지요.

아무튼 유사문제는 결합하여 하나의 문제로 단일화할 필요가 있습니다. 그렇게 하면 학습해야 할 총 기출문제 수가 줄어들게 됩니다. 하지만 그 내용은 단일화된 문제에 다 담을 수 있어야 합니다. 5지 택일형이 9지 택일형이 될 수도 있고, 여백에 내용이 추가될 수도 있고, 하단에 해설의 형식으로 추가될 수도 있습니다.

문제단일화 후에는 교재의 해당 부분을 펼쳐서 문제와 비교해 보고, 문제에 더 추가할 내용이 있으면 교재의 내용을 여백이나 하단에 옮겨적는 보완작업을 해야 합니다. 이때 교재는 일부러 구매할 필요까지는 없습니다. 왜냐하면, 시립도서관이나 구립도서관에서 도서대출을 받을 수도 있고, 키워드(key-word)로 인터넷사이트를 검색해도 교재만큼 잘 정리된 자료들을 얼마든지 퍼올 수 있기 때문입니다.

물론, 유사문제가 없는 독도 같은 기출문제도 교재를 통해 내용을 확인하고, 부족할 경우 추가하거나 보완해야 시험대비용으로 유용합니다.

전산 기출문제를 출력하지 않고, 바로 워드(Word)나 아래한글 등의 오피스 프로그램을 이용해 정답을 달고, 유사문제들을 하나로 통합하여 단일화시키는 작업을 해도 됩니다. 물론, 여백이나 하단에 내용을 보완하는 작업도 문서 편집 방식으로 할 수 있습니다. 자격증에 따라서는 기출문제가 출력과 저장만 되고, 복사는 아예 안되는 경우도 있으므로 유의해야 합니다.

어쨌든 마지막 단계에서는 출력을 하여야 학습도구로서 더 유용할 수 있습니다. 왜냐하면, 시험일 전 4주 정도는 시간과 장소를 가리지 않고 완성된 자료를 반복적으로 들여다보아야 하기 때문입니다. 하지만 이 역시 스마트폰으로 대체할 수 있는데, 시력이 좋고 휴대폰으로 문서를 읽는데 익숙한 분들이라면 가능할 것입니다.

아무튼, 이상의 과정이 표면적으로는 단순해 보이고 어렵지 않게 여겨져도 실제로 해보면 결코 만만한 작업이 아님을 금방 깨닫게 됩니다. 아마 만(滿) 1개월 중 절반 정도는 이 일에 투자해야 할 만큼 긴 시간이 소요되는 도구준비 작업입니다.

공인중개사 등과 같이 꽤 어려운 시험일 경우, 거의 4주 이상의 기간을 자료준비에만 소요하게 된다면, 마음 약한 분들은 덜컹 겁이 나 "이러다간 세월만 다 보내고 진짜 공부는 언제 하나?" 하면서 기출문제 가공작업을 중도에 그만두고 다시 예전 방식으로 돌아가는 분들도 분명히 있을 것입니다. 따라서 길고 힘든 자료준비 작업에는 인내심과 자신감이 반드시 수반되어야 합니다.

그리고, 자료 완성 후에는 본격적으로 공부를 해야 하는 기간인데, 크게 3단계로 실행하면 좋습니다. 가볍게 반복적으로 읽는 단계, 정독 단계, 최종 다지기 단계가 그것입니다. 이에 대해서는 별도의 장에서 상세히 설명할 것입니다.

<응시단계>

시험 하루 전날 준비물을 미리 챙겨 두는 것은 필수입니다. 교통편과 시험장까지의 이동 소요시간, 입실 허용시간 등도 미리 확인해 두어야 안전합니다. 당일 아침에 챙길 경우 마음이 조급해져 중요한 것을 빠트리는 실수를 할 수도 있기 때문입니다.

시험에 임할 때는 당당하고 자신감 있고 배짱 있는 자세가 필요합니다. 최선을 다한 이후라면 결과가 어떠하든 개의치 않겠다는 듯이 시험에 응해야 합니다.

왜냐하면, 그 어떤 경우에도 결과는 크게 달라지지 않기 때문입니다. 수험생들은 조금 더 고민하면 하나라도 더 맞히고 그래서 좋은 결과에 이를까 노심초사하지만 지나고 보면 결코 그렇지 않다는 사실을 깨닫게 되지요.

그러므로 시험에 임할 때는 그 시험에 굴종되고 얽매이는 자세가 아니라 시험의 주인으로서 그 시험을 장악하고 즐기는, 오늘로서 시험공부 끝이라는 개운한 마음으로 임해야 합니다.

테크닉을 다룬다면서 왜 이렇게 자세를, 마음가짐을

길게 장황하게 얘기하느냐고 할지 모르지만, 사실 구체적인 테크닉의 실행력은 마음가짐과 자신감 있는 자세에서 비롯되기 때문입니다.

일단, 시험 시작종이 울리면 아는 문제부터 정답을 체크하고, 모르는 문제에 이르면 무시하고 건너뛰는(skip) 태도가 가장 바람직합니다.

모르는 문제는 고민해도 여전히 모르는 문제일 뿐인데, 거기에 시간을 낭비하여 결국 시간 부족으로 마지막 부분에 있는 충분히 풀 수 있는 문제들도 놓칠 수 있기 때문입니다.

과감하게 풀 수 있는 문제만 빨리 풀고, 풀리지 않는 문제는 바로 지나치는 용기가 시간 부족을 예방하고 남는 시간에 확률게임도 할 수 있는 여유를 제공하기 때문입니다.

과감하게 푸는 방법도 두 경우가 있는데, 두 번째가 항상 문제입니다. 첫째는 그냥 정답으로 확신이 들어 바로 ○로 체크할 수 있는 경우로서 문제될 것이 전혀 없습니다. 하지만, 두 번째는 정답으로 확신은 들지 않지만 그래도 바로 직감적으로 이것이 정답이구나 하고 머리에 떠오르는 경우인데, 이때에는 확신이 들지 않으므로 망설이고, 정답이 될 만한 것이 또 있나 살펴보면서 어느 것을 체크할까 고민하게 됩니다. 그래서 시간을 많이 갉아먹게 됩니다.

제일 먼저 마음이 가는 지문은 과거 언젠가 공부하면서 내면에 쌓아둔 잠재지식이 수면에 살며시 떠오르는 경우라고 할 수 있습니다. 그러므로 어차피 확신이 들지 않아 고민스러운 것은 마찬가지이고, 결정을 빨리 하지 않고 미룰 경우 마지막 확률게임에서 무더기로 처리될 것이 뻔하다면 차라리 직감에 의존하여 정답으로 ○ 표시를 하고 바로 다음 문제로 넘어가는 것이 현명합니다. 그나마 직감적으로 머리에 떠오르는 것이 정답일 가능성이 가장 높기 때문입니다.

불안감을 못 이겨 더 고민하다 직감을 무시하고 엉뚱한 것으로 정답을 선택하거나 수정하여 오히려 오답으로 처리되는 경우가 많은데, 궁할 때는 과감하게 자신의 직감을 신뢰할 필요가 있습니다.

끝까지 풀고 난 후에는 ○로 정답을 체크한 문제만 컴퓨터펜으로 정답지에 표기를 하고, 표기된 정답이 각 항목별로 몇 개씩인지 파악해야 합니다.

내가 푼 문제 중 정답이 ①번인 것이 몇 개이고, ②번인 것이 몇 개이고, ③번인 것이 몇 개이고, ④번인 것이 몇 개이고, ⑤번인 것이 몇 개인지 모두 파악해야 합니다. 안 풀리는 문제를 붙들고 불필요한 고민을 하지 않았다면, 이런 방식의 확률게임을 할 시간이 충분할 것입니다.

어떤 수험생들은 시간이 남으면, 풀지 못한 문제로 돌아가 끙끙대며 다시 고민하기 시작하는데, 참 어리석은 일입니다. 그런다고 풀릴 문제 같았으면 아마 이미 풀렸을 것입니다. 따라서 풀지 못한 문제는 과감하게 포기하고, 확률게임으로 그중 단지 몇 문제라도 더 맞히도록 노력하는 것이 낫습니다. 빅데이터(big-data) 시대에는 데이터가 제공하는 확률이 여러분의 생각이나 판단보다 더 확실하고 정확합니다.

따라서, 앞에서 파악한 항목별 정답의 수 중 가장 적게 나온 항목을 풀지 못한 문제들의 정답으로 동일하게 체크하고 망설임 없이 펜을 놓으면 됩니다.

예를 들어, 5지 택일형 객관식 40문제 중 스스로 푼

문제가 30문제인데, 그 정답이 ①번 7개, ②번 8개, ③번 5개, ④번 3개, ⑤번 7개로 파악되었다면, 풀지 못한 나머지 10문제의 정답을 모두 ④번으로 표시하면 확률상 가장 유리한 결과가 나올 가능성이 높습니다.

왜냐하면, 이미 언급해드린 대로 출제자들은 표준적이고 일반적인 수준의 문제를 출제하도록 요구받지만, 대개 그들은 그 취지를 확대하여 정답마저도 골고루 배정하는 경향이 많기 때문입니다.

이를테면, 40문제 중 ①번부터 ⑤번까지의 정답이 각 8개씩 정확하게 배분되지는 않더라도 7개, 8개, 9개 정도에서 골고루 배분되는 정도는 충분히 예상할 수 있습니다. 따라서 위 예의 경우처럼 ④번 정답이 3개여서 풀지 못한 10문제를 모두 ④번으로 표시하였다면, 운이 좋을 경우 최대 6문제까지 건질 확률이 있으며, 그렇지 않더라도 최소 4문제 정도는 건질 확률이 있게 됩니다.

혹자는 위와 같은 방법을 속된 표현으로 찍기라고도 하는데, 사실 찍기라기보다는 확률게임이라고 하는 것이 옳습니다. 찍기는 눈을 감고 닥치는 대로 손 가는 대로 찍는 것이기 때문에 정답이 일률적일 수 없습니다.

결국, 실전에서는 풀 수 있는 문제만 열심히 풀고, 풀리지 않는 문제는 과감히 확률게임으로 넘기는 지혜가 필요합니다. 가능성도 없는데, 모두 건지려고 용만 쓰면 힘만 들고 결국 시간 부족으로 실패하기도 쉽습니다.

한마디로 전략적 접근을 하라는 것입니다. 기출문제도 전략적으로 가장 유용하게 활용하고, 풀지 못한 문제도 전략적으로 정답을 표기함으로써 플러스(+) 효과를 최대화하라는 것입니다.

<시험종료 후 단계>

시험이 끝나면 정답을 맞추어 보느라고 교재를 다시 뒤지거나 동료들에게 물어보기도 하는데, 알고 보면 그것만큼 불필요하고 소모적인 행위도 없습니다.

왜냐하면, 그런다고 시험결과가 달라지지는 않기 때문입니다. 그냥 시험에 대해서는 시험장을 나서는 순간부터 까맣게 잊어버리고 일상의 생활로 되돌아가는 것이 가장 현명합니다.

단 하나, 합격자 발표일만 스마트폰 일정표에 기록해

두면 됩니다. 합격이든 불합격이든 연연하지 않는 태도로 생활하는 것이 참 좋은데, 그것이 잘 안 되는 이유는 자격증 시험을 여유 없이 도전하기 때문입니다.

대개 정년퇴직 1년 남겨두고 도전하는 분들이 많은데, 그럴 바에야 정년퇴직 2년 전부터 만(滿) 1개월 전략으로 준비하면 얼마나 좋을까요? 한번 불합격해도 한 번 더 도전할 기회도 있고, 그래도 안 되면 퇴직 후 실업급여를 수령해 가면서 또 한 번 더 도전할 수도 있으니까요.

아무튼 <반복성>에 대한 바람직한 인식이 우리 마음속에 좀 더 분명하게 새겨졌으면 좋겠습니다. <반복적으로> 도전할 수 있도록 미리부터 준비하고 도전할 수 있어야 하고, 시험공부도 자료를 <반복적으로> 읽고 숙지함으로써 학습효과를 높이고, 생활 속에서 도전하는 많은 일에서도 한두 번 실패하거나 목표미달이어도 <반복적으로> 재도전하여 원하는 꿈을 쟁취할 수 있는 용기가 필요해 보입니다.

더군다나 인생설계라는 큰 틀에서 제1막을 준비하든 제2막을 준비하든 자격증 시험에 도전하는 것은 단 한

번의 실패에 금방 좌절하거나 포기할 정도로 작은 문제가 아니므로, 적어도 본서의 독자들은 언제든지 다시 도전할 수 있다는 자신감과 각오도 늘 겸비했으면 좋겠다는 바람이 있습니다. 그래야 시험종료 후 안절부절 어찌할 줄 모르거나 결과를 초조히 기다리는 모습을 보이지 않을 테니까요.

누군가의 말처럼 살아보니 나이는 분명히 숫자에 불과한 것 같습니다. 그리고 기회도 하늘이 만들어주는 경우는 가끔 있고, 대부분은 스스로가 노력하고 마음먹기에 따라 만들어지는 것 같습니다. 무한한 기회가 기다리는 미래를 하나씩 하나씩 점령해 나가는 환희를 저와 여러분이 계속 맛볼 수 있기를 기대합니다.

07

기출문제 정답 달기

제 7 장 기출문제 정답 달기

기출문제라고 하면, 먼저 스스로 풀어보는 것이 당연한 수순인 것으로 생각하는 사람들이 많습니다. 하지만, 1개월 만(滿)에 자격증 시험에 도전하는 경우라면, 기출문제부터 출력한 경우라면, 그럴 필요가 없습니다.

기출문제는 풀기 위한 목적으로 출력한 것이 아니고, 공부할 도구로서 출력한 것이기 때문입니다. 아직 공부도 제대로 안 한 상태에서 푼다고 풀리겠으며, 푸는 과정을 통한 학습 효과 또한 기대할 수 있겠습니까?

그래도 한 번 정도 기출문제를 풀어봐야 어떻게 출제되는지도 알 수 있고 감도 잡을 수 있지 않겠느냐고 하면서 고집을 피우는 분들도 있는데, 모르는 상태에서 푸는 것은 캄캄한 상태에서 터널을 한번 걸어보는 것과 같으므로 학습효과가 거의 없다고 할 수 있습니다.

학생들처럼 미리 수업을 듣고 푼다면 몰라도 직장 다니면서 학원에도 안 나가면서 1개월 만(滿)에 자격증 시험에 도전하는 경우에는 정말 미리 풀어볼 의미가 없습니다.

본서에서 말하는 기출문제의 용도는 <묻고 답하는 방식>의 공부법을 실행하기 위한 도구이므로 먼저 풀려고 하지 말고, 출력하자마자 바로 시험지에 정답을 표시하는 것이 더 바람직합니다.

출력 가능한 인터넷사이트에서 <학생용>과 <교사용>으로 구분하여 기출문제를 제공하는 경우라면, 처음부터 <교사용>으로 출력하면 이미 정답이 표기된 상태에서 출력되므로 더욱 유용합니다. 일반적으로는 과거 7년간의 기출문제를, 공인중개사나 주택관리사보 같이 과목별 학습분량이 조금 많은 경우는 10년간의 기출문제를 출력하면 됩니다.

기출문제가 중요한 만큼 각종 사이트에서 기출문제 출력이 가능한 서비스를 유료 또는 무료로 제공하고 있는 실정입니다. 그런데 간혹 차별화를 위하여 기출문제를 변형시킨 유사문제나 모의고사문제 형식으로 추가자료까지 제공하는 사이트도 있습니다. 하지만 그런 자료는 신뢰성도 없고 학습 분량만 부풀게 하므로 출력하지 않는 것이 좋습니다. 뿐만 아니라, 상업적 목적으로 회원가입을 유도하고, 마치 그들이 말하는 방식으로 준비해야 손

쉽게 자격증을 취득할 수 있는 것처럼 안내하는 경우도 있으므로 주의하시고, 그런 유혹에 현혹되지 말아야 합니다.

물론, 시간이 아주 충분하다면, 그리고 자격증 관련 지식을 더 충분하게 습득하고 싶다면 기출문제 외의 다른 추가자료들을 확보해서 공부해도 됩니다. 하지만 그렇지 않은 경우라면, 단지 자격증 취득이 목적이라면 본서에서 추천하는 방식대로 과거 다년간의 기출문제를 출력한 후, <기출문제 정답 달기>부터 시작하면 됩니다.

간혹 기출문제를 먼저 출력하지 않고, 오피스 프로그램으로 편집하는 경우도 있는데, 그럴 땐 정답을 ❶, ❷, ❸과 같은 검은 원글자로 표시하면 됩니다. 여러 유사문제들을 통합하고 단일화하는 과정에서 정답이 여러 개가 될 수도 있는데, 그럴 때는 모든 정답을 검은 원글자로 표시하면 됩니다. 정답이 아닌 지문 항목들은 당연히 ①, ②, ③과 같은 하얀 원글자로 표시되었겠지요.

사족으로, 컴퓨터에서 편집을 하면 [해설]의 분량에 따라 글자 포인트를 조절할 수 있고, 보기에도 깔끔해서 좋습니다. 그렇지만, 학습효과는 각 사람의 취향과 스타일에 따라 다르므로, 출력해서 직접 펜으로 가필한 것이 나은지, 컴퓨터 편집물이 나은지는 알 수 없습니다. 오직 그 자료를 사용해 공부할 주인공이 자신에게 더 잘 맞고 더 도움이 되는 쪽으로 선택하면 됩니다.

08

유사문제 통합하기

제 8 장 유사문제 통합하기

　자격시험은 일정한 분야의 업무능력을 일반적이고 표준적인 수준에서 검정하는 것이므로 문제의 출제수준이 해마다 유사할 수밖에 없습니다. 그러다 보니 다년간의 기출문제에는 서로 유사한 문제들이 많이 발견됩니다.

　하지만, 자격시험 준비생 입장에서는 가급적 학습분량을 줄일 필요가 있으므로, 유사한 문제들은 하나의 문제로 단일화하는 것이 유리합니다.

　최근 7년간의 신용관리사 기출문제를 통해 구체적인 사례를 살펴보면, 다음과 같이 2020년, 2019년, 2017년 문제가 유사함을 확인할 수 있습니다.

---

12. 채무불이행에 의한 손해배상과 관련한 다음 설명 중 옳지 않은 것은? [2020년 신용관리사 채권일반 기출]
　① 본래의 채권에 대한 담보는 그 손해배상청구권에도 미친다.

---

② 손해배상액의 예정은 이행의 청구나 계약의 해제에 영향을 미치지 아니한다.

③ 채무불이행에 관하여 채권자에게 과실이 있는 때에는 법원은 손해배상의 책임 및 그 금액을 정함에 이를 참작하여야 한다.

④ 위약금의 약정은 손해배상액의 예정으로 추정한다.

❺ 채권자가 그 채권에 목적인 물건 또는 권리에 가액전부를 손해배상으로 받은 때에는 채무자는 그 물건 또는 권리에 관하여 채권자의 동의를 얻어야 채권자를 대위할 수 있다.

9. 채무불이행으로 인한 손해배상에 대한 다음 설명 중 옳지 않은 것은? [2019년 신용관리사 채권일반 기출]

① 채무불이행으로 인한 손해배상은 통상의 손해를 그 한도로 한다.

❷ 손해배상의 방법에는 '원상회복주의'와 '금전 배상주의'가 있으나 우리 민법은 원상회복주의를

원칙으로 한다.

③ 특별한 사정으로 인한 손해는 채무자가 그
사정을 알았거나 알 수 있었을 때에 한하여
배상의 책임이 있다.

④ 당사자는 장차 채무불이행이 있게 되면 일정한
금액을 손해배상액으로 미리 약정하는 경우가
있는데, 이를 '손해배상액의 예정'이라고 한다.

⑤ 손해배상의 예정액이 부당하게 과다한 경우에는
법원은 적당히 감액할 수 있다.

11. 채무불이행으로 인한 손해배상에 관한 다음 설명
중 옳은 것은? [2017년 신용관리사 채권일반 기출]

❶ 채무불이행에 관하여 채권자에게 과실이 있는
때에는 법원은 손해배상의 책임 및 그 금액을
정함에 이를 참작하여야 한다.

② 위약금의 약정은 손해배상액의 예정으로 간주
한다.

③ 특별한 사정으로 생긴 손해는 채무자가 알았을
때에 한하여 배상책임이 있다.

④ 손해배상청구권은 채무자에게 이를 주장한 때
   로부터 소멸시효의 진행이 개시된다.
⑤ 손해배상방법에 관하여 원칙적으로 원상회복주
   의를 취하고 예외적으로 금전배상주의를 취한다.

위 세 문제를 하나의 문제로 단일화시켜 보면, 다음과
같이 지문이 11개 항목으로 늘어나지만 학습효과는 더
높아질 수 있음을 쉽게 느낄 수 있습니다.

1. 채무불이행에 의한 손해배상과 관련한 다음 설명
   중 옳지 않은 것은?
 ① 본래의 채권에 대한 담보는 그 손해배상청구권
    에도 미친다.
 ② 손해배상액의 예정은 이행의 청구나 계약의
    해제에 영향을 미치지 아니한다.
 ③ 채무불이행에 관하여 채권자에게 과실이 있는
    때에는 법원은 손해배상의 책임 및 그 금액을
    정함에 이를 참작하여야 한다.
 ④ 위약금 약정은 손해배상액의 예정으로 추정한다.

❺ 채권자가 그 채권에 목적인 물건 또는 권리에 가액전부를 손해배상으로 받은 때에는 채무자는 그 물건 또는 권리에 관하여 채권자의 동의를 얻어야 채권자를 대위할 수 있다.

⑥ 채무불이행으로 인한 손해배상은 통상의 손해를 그 한도로 한다.

⑦ 손해배상의 방법에는 '원상회복주의'와 '금전배상주의'가 있으나 우리 민법은 금전배상주의를 원칙으로 한다.

⑧ 특별한 사정으로 인한 손해는 채무자가 그 사정을 알았거나 알 수 있었을 때에 한하여 배상의 책임이 있다.

⑨ 당사자는 장차 채무불이행이 있게 되면 일정한 금액을 손해배상액으로 미리 약정하는 경우가 있는데, 이를 '손해배상액의 예정'이라고 한다.

⑩ 손해배상의 예정액이 부당하게 과다한 경우에는 법원은 적당히 감액할 수 있다.

⑪ 채무불이행으로 인한 손해배상청구권의 소멸시효는 채무불이행시로부터 진행한다. 채권자가 채무자에게 손해배상청구권을 주장한 때로부터 소멸시효의 진행이 개시되는 것은 아니다.

유사문제를 결합하여 하나의 문제로 단일화하면, 5지 택일형이 11지 택일형으로 될 수는 있지만, 그 대신 공부할 총 기출문제 수가 절반 이하로 줄어들어 훨씬 경제적입니다.

물론, 다음 장에서 설명하겠지만, 단일화된 문제도 교재의 관련 내용과 비교해 보고, 더 보완해야 할 내용이 있으면 여백이나 하단에 추가 기록을 하는 방법으로 보완한 후 학습 도구로 활용해야 더욱 유용하고, 시험준비도 잘할 수 있습니다.

09

부연설명(해설) 추가하기

제 9 장 부연설명(해설) 추가하기

어떤 질문이나 주제에 대한 학습자료로서 가장 충분한 것은 잘 만들어진 교재임을 부인할 수 없습니다. 기출문제 중심의 학습법은 시간이 부족한 분들이나 시간이 많더라도 길게 시험공부를 하고 싶지 않은 분들이 만(滿) 1개월이라는 단기간 안에 시험준비를 완료하고 응시하여 합격하기 위한 고도의 전략이라고 할 수 있습니다.

따라서 전략적인 접근이 반드시 필요합니다. 기출문제 위주이긴 하지만 결코 시험준비 자료로서 불충분하지 않으려면 기출문제를 잘 가공하고 다듬어야 한다는 의미입니다. 효율적인 시간관리는 당연하겠지만 내용 면에서도 최대한 알차게 준비되어야 한다는 의미입니다.

앞 장에서 유사문제 통합하기에 대해 이미 예시와 더불어 설명을 드렸지만, 통합한 문제, 즉 하나로 단일화된 문제라고 할지라도 내용이 부족할 수 있습니다.

따라서 관련 교재의 해당 부분과 꼼꼼히 비교하여 기출문제에서 언급하지 않은 내용이 교재에 있다면, 그 교재로 따로 공부하기보다는 기출문제에 그 내용을 옮겨적은 후 단일화된 기출문제만으로 공부하는 것이 더욱 효과적입니다.

마치 과거 사법고시 준비생들이 시험일 앞두고는 일정 기간 동안 마무리 학습자료로 단권화된 요약집을 반복해서 읽듯이 말입니다.

아무튼 여러 유사기출문제들을 통합해 하나의 단일문제로 만든 후 교재를 활용하여 부연설명을 달거나 상세한 해설을 추가하는 것은, 향후 시험에서는 기존 문제를 약간 변형하거나 기존 문제와 동일한 질문을 한다 할지라도 5지 택일 항목에 다른 내용을 추가해 출제할 가능성이 높기 때문입니다. <~ 아닌 것은?>을 묻는 부정 질문을 반대로 <~ 인 것은?>으로 바꾸는 경우도 많습니다.

출제위원들도 자존심이 있고 사회적 체면이 있는데, 아무리 표준화되고 일반적인 수준의 문제를 출제하도록 요구받고 출제오류를 조심해야 한다 할지라도 기출문제와 똑같이 출제할 수는 없을 것이기 때문입니다.

따라서, 단순히 기출문제만으로 공부를 하게 된다면, 향후의 변형문제나 색다른 방식의 질문에 당황할 수도 있고, 정답을 찾는데 애를 먹으며 아까운 시간을 낭비할 수도 있을 것입니다.

그러면, 구체적으로 단일화된 기출문제에 부연설명을 어떻게 달고, 해설을 어떻게 보완할까요? 아래와 같이 사례를 우선 하나 보여드리고, 그 후에 설명을 추가하도록 하겠습니다.

---

5. 물류의 기본적 기능과 가장 관계가 적은 것은?
　　[2018년 제22회 물류관리사 물류관리론 기출]
　❶ 형태적 조정　② 수량적 조정　③ 가격적 조정
　④ 장소적 조정　⑤ 시간적 조정

---

1. 물류의 기본적 기능으로 볼 수 없는 것은?
　　[2013년 제17회 물류관리사 물류관리론 기출]
　① 생산과 소비 간의 장소 격차 조정
　❷ 생산자와 소비자 간의 소득 격차 조정
　③ 생산단위와 소비단위의 수량 불일치 조정
　④ 생산과 소비 시기의 시간 격차 조정
　⑤ 생산자와 소비자 간의 품질 격차 조정

위 두 기출문제를 중복 지문을 제거시키는 방법으로 단일화시키면 다음과 같이 하나의 기출문제로 통합될 수 있습니다.

---

1. 물류의 기본적 기능으로 볼 수 없는 것은?
　① 생산과 소비 간의 장소 격차 조정
　❷ 생산자와 소비자 간의 소득 격차 조정
　③ 생산단위와 소비단위의 수량 불일치 조정
　④ 생산과 소비 시기의 시간 격차 조정
　⑤ 생산자와 소비자 간의 품질 격차 조정
　⑥ 가격적 조정

하지만, 위 단일화된 문제의 각 지문을 교재의 관련 내용과 꼼꼼히 비교해 보니 한 가지 기능이 누락 되었고, 지문 6번의 내용도 조금 더 상세히 기술하면 더 낫겠다는 생각이 들었습니다. 따라서 아래와 같이 지문 6항도 조금 더 길게 수정하면서 [해설]을 추가하여 부족한 부분을 보완해 보았습니다.

1. 물류의 기본적 기능으로 볼 수 없는 것은?
   ① 생산과 소비 간의 장소 격차 조정
   ❷ 생산자와 소비자 간의 소득 격차 조정
   ③ 생산단위와 소비단위의 수량 불일치 조정
   ④ 생산과 소비 시기의 시간 격차 조정
   ⑤ 생산자와 소비자 간의 품질 격차 조정
   ⑥ 생산과 소비의 가격 차이를 조정

[해설] 물류의 기본적 기능 : 위 5 가지 + 인격적 기능.
  인격적 기능은 인적 기능이라고도 하는데, 대고객
  서비스가 강조되는 오늘날엔 인격적 기능이 특별히
  강조되고 있음. 품질적 기능은 가공, 조립, 포장 등
  을 통해 제공 가능.

  위와 같은 분량의 문제는 보통 A4 용지 절반 정도 차
지하므로, A4 용지 1장에 두 문제 정도 들어가도록 덧
붙여 복사한 후 ⑥번과 [해설]을 가필하면 됩니다.

  어떤 경우엔 유사문제도 없고 내용도 간단해 보이는
데, 교재를 펼쳐 확인해보면, 추가로 공부할 내용이 적

지 않은 경우도 있습니다. 이럴 때는 간단한 문제이지만 A4 용지 1장에 한 문제만 덧붙여 복사한 후 [해설]을 가필하면 됩니다. 다음 기출문제가 그런 경우입니다.

---

80. 농수산물 유통 및 가격안정에 관한 법령상 농수산물종합유통센터의 시설기준 중 필수시설에 해당하는 것은? [2019년 제23회 물류관리사 물류관련법규 기출]

① 식당   ② 휴게실   ❸ 주차시설

④ 직판장   ⑤ 수출지원실

[해설] 필수시설과 편의시설

1. 필수시설

가. 농수산물 처리를 위한 집하·배송시설.

나. 포장·가공시설.

다. 저온저장고.

라. 사무실·전산실.

마. 농산물품질관리실.

바. 거래처주재원실 및 출하주대기실.

사. 오수·폐수시설

아. 주차시설.

2. 편의시설

　가. 직판장.

　나. 수출지원실.

　다. 휴게실.

　라. 식당.

　마. 금융회사 등의 점포.

　바. 그 밖에 이용자의 편의를 위하여 필요한 시설

또 어떤 경우에는 다음과 같이 부연설명(해설) 추가과정에서 짝을 이루는 내용을 발견할 수도 있습니다. 그러한 경우에는 바로 다시 이전 단계로 돌아가서 짝을 이루는 문제와 하나로 통합하는 단일화 작업을 하는 것이 좋습니다.

아래 승계취득은 원시취득과 짝으로 공부하면 더 기억하기 쉬운 내용이므로 원시취득 관련 기출문제와 통합하여 하나의 단일화된 문제로 만드는 작업을 다시 해야 합니다. 아래 보기와 같이 원시취득 관련 문제가 이미 단일화되어 있는 경우라면, 그 단일화된 문제와 또 한 번 더 단일화시키면 됩니다.

13. 승계취득에 해당하는 것은? [2018년 제21회
    주택관리사보 민법 기출]
    ① 첨부   ❷ 상속   ③ 건물의 신축
    ④ 유실물의 습득   ⑤ 무주물의 선점

1. 권리의 원시취득 사유에 해당하지 않는 것을 모두
   고른 것은? (다툼이 있으면 판례에 의함)

   > ㄱ. 무주물인 동산의 선점
   > ㄴ. 피상속인의 사망에 의한 상속
   > ㄷ. 회사의 합병   ㄹ. 시효취득
   > ㅁ. 신축에 의한 건물의 소유권 취득
   > ㅂ. 가공에 의한 소유권 취득
   > ㅅ. 저당권 설정

   ① ㄱ, ㄴ   ❷ ㄴ, ㄷ, ㅅ   ③ ㄷ, ㄹ
   ④ ㄴ, ㄷ, ㄹ   ⑤ ㄷ, ㄹ, ㅁ

  위 원시취득 관련 단일화 문제는 아래 두 기출문제를
결합해 이미 만들어 둔 것이었습니다.

21. 권리의 원시취득 사유에 해당하지 않는 것을 모두
고른 것은? (다툼이 있으면 판례에 의함) [2010년
제13회 주택관리사보 민법 기출]

> ㄱ. 무주물인 동산의 선점
> ㄴ. 피상속인의 사망에 의한 상속
> ㄷ. 회사의 합병   ㄹ. 시효취득
> ㅁ. 건물의 신축

① ㄱ, ㄴ   ❷ ㄴ, ㄷ   ③ ㄷ, ㄹ
④ ㄴ, ㄷ, ㄹ   ⑤ ㄷ, ㄹ, ㅁ

31. 권리의 원시취득에 해당하지 않는 것은? (다툼이
있으면 판례에 의함) [2008년 제11회 주택관리사보
민법 기출]

❶ 저당권 설정   ② 시효취득
③ 무주물 선점   ④ 가공에 의한 소유권 취득
⑤ 신축에 의한 건물의 소유권 취득

최종적으로, 짝으로 공부하기 좋은 승계취득과 원시취득 관련 기출문제들을 결합한 후, 교재의 관련 내용과 비교하여 보완해야 할 부분을 해설로 추가하면 다음과 같이 하나의 단일화된 문제로 완성됩니다.

---

1. 승계취득에 해당하는 것은?
　　① 첨부　　❷ 상속　　③ 건물의 신축
　　④ 유실물의 습득　　　　⑤ 무주물의 선점
　　⑥ 시효취득　　　　　　❼ 회사의 합병
　　⑧ 가공에 의한 소유권 취득
　　❾ 저당권 설정

[해설] 원시취득과 승계취득
　(1) 원시취득(절대적 발생) : 어떤 권리가 타인의 권리
　　　　　　　에 근거하거나 타인으로부터 물려받지 않고,
　　　　　　　독립적으로 새롭게 취득하는 일.
　　　　　　　(무권리자로부터의 원시취득 가능)
　　=> 예 : 첨부, 건물의 신축, 유실물의 습득, 무주물의
　　　　　선점, 시효취득, 매장물의 발견, 선의취득, 인격
　　　　　권과 가족권의 취득, 수용에 의한 소유권 취득 등

[첨부는 어떤 물건에 타인의 물건이 결합하거나
　　타인의 공작이 가하여지는 것, 즉 소유자를 달리
　　하는 수 개의 물건이 결합하여 1개의 물건으로
　　되는 것] [선의취득은 동산을 점유하고 있는 상
　　대방을 권리자로 믿고 평온·공연·선의·무과
　　실로 거래한 경우에는 비록 양도인이 정당한
　　권리자가 아니라 할지라도 양수인은 그 동산에
　　대한 권리를 취득하는 것을 인정하는 제도로
　　즉시취득이라고도 함]

(2) 승계취득(상대적 발생) : 타인의 권리를 기초로 하여
　　　　그 권리를 승계해 취득하는 것 (타인이 가졌던
　　　　권리 이상의 권리를 취득할 순 없음) (지상권,
　　　　지역권, 전세권, 저당권 등의 제한 및 하자도 승계)

1) 이전적 승계 : 구권리자에게 속하였던 권리가 동일성
　　　　을 유지하면서 그대로 신권리자에게 이전되는 것.

① 특정승계 : 개별적인 권리가 개별적인 취득원인에
　　　　의해 취득되는 것 : 매매, 교환, (사인)증여 등

② 포괄적 승계 : 하나의 취득원인에 의해 다수의 권리가
　　　　일괄적으로 취득되는 것 : 상속, 포괄유증,
　　　　　　　　　　　　　　　　　회사의 합병 등

2) 설정적 승계 : 구권리자가 자신의 권리를 잃지 않으면

서 그 권리 일부를 신권리자가 취득하게 하는 것.
(단, 설정적 승계가 있으면 구권리자의 권리는
신권리자의 권리에 의해 일정한 제한을 받음)

빈출되는 기출문제는 그만큼 그 내용이 중요하고 필수적이며, 따라서 향후에 재출제될 가능성도 높은데, 10년 동안 무려 8회나 빈출되는 경우도 있습니다. 이런 문제들을 하나의 문제로 단일화할 경우 기출문제 수를 1/8로 줄여주는 효과도 있고, 변형문제로 출제될 가능성이 아주 높기 때문에 별도로 표시해 두었다가 한 번이라도 더 읽어보면 시험준비에도 크게 도움이 됩니다. 아래는 그런 경우에 해당하는 사례입니다.

참고로, 유사문제가 많을 경우에는, <~ 옳지 않은 것은?>과 같은 형식으로 질문하는 문제들을 우선 집합시켜 결합하고, 그 후에 <~ 옳은 것은?>의 형식으로 묻는 기출문제를 하나씩 하나씩 단일화 중인 문제에 추가해 나가면 됩니다.

지난 10년간 주택관리사보 시험에 출제된 소멸시효에 관한 유사문제들을 모아보면, <~ 옳지 않은 것은?>으로 묻는 실문이 5개, <~ 옳은 것은?>으로 묻는 질문이 3개

입니다. 시험에서는 대체로 <~ 옳지 않은 것은?>으로 묻
는 질문이 많습니다. 부정 질문부터 나열해 보면 이하와
같습니다.

---

23. 소멸시효에 관한 설명으로 옳지 않은 것은?
   (다툼이 있으면 판례에 따름)
   [2019년 제22회 주택관리사보 민법 기출]
   ① 정지조건부 권리는 조건이 성취된 때부터 소멸
   시효가 진행한다.
   ❷ 당사자가 본래의 소멸시효 기산일과 다른 기산
   일을 주장하는 경우, 법원은 본래의 소멸시효
   기산일을 기준으로 소멸시효를 계산하여야 한다.
   ③ 공동불법행위자 사이에 인정되는 구상권의 소멸
   시효는 구상권자가 공동면책행위를 한 때부터
   진행한다.
   ④ 특정물 매도인의 하자담보책임에 기한 매수인의
   손해배상청구권은 특별한 사정이 없는 한, 그
   목적물을 인도받은 때부터 소멸시효가 진행한다.
   ⑤ 채권자가 선택권자인 선택채권은 선택권을 행사
   할 수 있는 때부터 소멸시효가 진행한다.

---

21. 소멸시효에 관한 설명으로 옳지 않은 것은?
   (다툼이 있으면 판례에 따름)
   [2018년 제21회 주택관리사보 민법 기출]
   ① 지상권은 20년간 행사하지 않으면 소멸시효가
   완성한다.
   ② 시효중단사유가 종료한 때로부터 소멸시효는
   새로이 진행한다.
   ❸ 부작위를 목적으로 한 채권의 소멸시효는 계약
   체결시부터 진행한다.
   ④ 최고가 있은 후 6개월 내에 압류 또는 가압류를
   하면 그 최고는 시효중단의 효력이 있다.
   ⑤ 매도인의 소유권이전채무가 이행불능이 된 경우,
   매수인의 손해배상채권의 소멸시효는 그 채무가
   이행불능이 된 때부터 진행한다.

24. 소멸시효에 관한 설명으로 옳지 않은 것은?
   (다툼이 있으면 판례에 의함)
   [2014년 제17회 주택관리사보 민법 기출]

① 매수인이 매매목적 부동산을 인도받아 점유하고 있다면, 그의 매도인에 대한 소유권이전등기 청구권은 시효소멸하지 않는다.

② 소유권이전등기의무의 이행불능으로 인한 전보 배상청구권의 소멸시효는 이전등기의무가 이행 불능으로 된 때로부터 진행한다.

❸ 부동산 매도인의 매매대금청구권과 매수인의 소유권이전등기청구권은 서로 동시이행의 관계에 있으므로 매도인에게 동시이행의 항변권이 인정 되는 한, 매매대금청구권의 소멸시효는 진행하지 않는다.

④ 시효의 진행 중 그 완성 전에 이루어진 채무의 일부변제는 특별한 사정이 없는 한, 채무승인 행위로서 시효중단사유에 해당한다.

⑤ 정지조건부 채권의 소멸시효는 그 조건이 성취한 때로부터 진행한다.

31. 소멸시효에 관한 설명으로 옳지 않은 것은?
    (다툼이 있으면 판례에 의함)

[2013년 제16회 주택관리사보 민법 기출]

❶ 소멸시효는 법률행위에 의하여 이를 가중할 수 있으나 배제할 수는 없다.

② 소멸시효가 완성된 채권이 그 완성 전에 상계할 수 있었던 것이면 그 채권자는 상계할 수 있다.

③ 소멸시효의 완성은 그 기산일에 소급하여 효력이 있으나 제척기간의 완성은 장래에 향하여 효력이 있다.

④ 채무자가 소멸시효 완성 후에 채권자에게 채무를 승인함으로써 그 시효이익을 포기한 경우에는 그 때부터 새로이 소멸시효가 진행한다.

⑤ 천재 기타 사변으로 인하여 소멸시효를 중단할 수 없을 때에는 그 사유가 종료한 때로부터 1개월 내에는 시효가 완성되지 않는다.

---

40. 소멸시효에 관한 설명으로 옳지 않은 것은?

[2010년 제13회 주택관리사보 민법 기출]

① 소멸시효는 그 기산일에 소급하여 효력이 생긴다.

❷ 소멸시효 완성 전이라도 시효의 이익을 미리

포기할 수 있다.

③ 소멸시효는 법률행위에 의하여 이를 배제, 연장
또는 가중할 수 없으나 이를 단축 또는 경감할
수 있다.

④ 시효중단의 효력이 있는 승인에는 상대방의
권리에 관한 처분능력이나 권한이 있음을
요하지 않는다.

⑤ 부작위를 목적으로 하는 채권의 소멸시효는
위반행위를 한 때로부터 진행한다.

다음으로 긍정 질문 3개를 최신순으로 열거해 보면 다음과 같습니다.

24. 소멸시효에 관한 설명으로 옳은 것은?
　　(다툼이 있으면 판례에 따름)
　　[2018년 제21회 주택관리사보 민법 기출]
① 소멸시효는 당사자의 합의에 의하여 단축할
수 없으나 연장할 수는 있다.

② 법원은 어떤 권리의 소멸시효기간이 얼마나
되는지를 직권으로 판단할 수 없다.

❸ 연대채무자 중 한 사람에 대한 이행청구는 다른
연대채무자에 대하여도 시효중단의 효력이 있다.

④ 재판상 청구는 소송이 각하된 경우에는 시효
중단의 효력이 없으나, 기각된 경우에는 시효
중단의 효력이 있다.

⑤ 주채무가 민사채무이고 보증채무는 상행위로
인한 것일 경우, 보증채무는 주채무에 따라
10년의 소멸시효에 걸린다.

---

23. 소멸시효에 관한 설명으로 옳은 것은?
  (다툼이 있으면 판례에 따름)
  [2016년 제19회 주택관리사보 민법 기출]

① 소멸시효는 법률행위에 의하여 이를 단축·경감
할 수 없으나 이를 배제·연장·가중할 수 있다.

❷ 부동산이 가압류된 뒤 강제경매절차에서 매각
되어 가압류등기가 말소된 경우, 특별한 사정이
없는 한 그 말소시점에 가압류에 의한
시효중단의 효력은 종료한다.

③ 주채무의 소멸시효기간이 확정판결로 10년으로

연장된 경우, 단기인 보증채무의 소멸
시효기간도 10년으로 연장된다.

④ 채무자가 액수에 다툼이 없는 채무의 소멸시효
가 완성된 후 그 일부를 변제한 경우, 나머지
채무에 대해서는 시효완성의 이익을 포기한
것으로 추정되지 않는다.

⑤ 시효가 정지한 때에는 정지시까지 경과한 시효
기간은 이를 산입하지 아니하고 정지사유가
종료한 때로부터 새로이 진행한다.

---

34. 소멸시효에 관한 설명으로 옳은 것은?

  [2011년 제14회 주택관리사보 민법 기출]

❶ 소멸시효의 이익은 미리 포기하지 못한다.

② 당사자의 특약에 의하여 소멸시효를 배제
시키거나 단축할 수 없다.

③ 주채무가 시효의 완성으로 소멸하더라도,
보증채무가 소멸하는 것은 아니다.

④ 3년의 소멸시효에 걸리는 채권이 판결에 의해
확정되면, 판결확정 후 3년이 경과함으로써

소멸시효가 완성한다.
⑤ 담보물권은 피담보채권과 독립하여 소멸시효에
  걸린다.

위와 같이 유사문제가 많을 경우에는 일반적으로 <~
옳지 않은 것은?>으로 질문한 유사문제들부터 우선 통합
하고, 그 후에 <~ 옳은 것은?>으로 묻는 질문을 추가로
삽입하면 됩니다.

하지만 막연히 통합하다 보면 아래와 같이 단일화된
문제가 너무 길어지고 내용도 뒤죽박죽되어 오히려 체계
적인 이론학습이 어려워지는 경우도 발생합니다.

---

3. 소멸시효에 관한 설명으로 옳지 않은 것은?
   (다툼이 있으면 판례에 따름)
 ① 정지조건부 권리는 조건이 성취된 때부터 소멸
   시효가 진행한다.
 ❷ 당사자가 본래의 소멸시효 기산일과 다른 기산
   일을 주장하는 경우, 법원은 본래의 소멸시효
   기산일을 기준으로 소멸시효를 계산하여야 한다.

③ 공동불법행위자 사이에 인정되는 구상권의 소멸
시효는 구상권자가 공동면책행위를 한 때부터
진행한다.

④ 특정물 매도인의 하자담보책임에 기한 매수인의
손해배상청구권은 특별한 사정이 없는 한, 그
목적물을 인도받은 때부터 소멸시효가 진행한다.

⑤ 채권자가 선택권자인 선택채권은 선택권을 행사
할 수 있는 때부터 소멸시효가 진행한다.

⑥ 지상권은 20년간 행사하지 않으면 소멸시효가
완성한다.

⑦ 시효중단사유가 종료한 때로부터 소멸시효는
새로이 진행한다.

⑧ 최고가 있은 후 6개월 내에 압류 또는 가압류를
하면 그 최고는 시효중단의 효력이 있다.

⑨ 매수인이 매매목적 부동산을 인도받아 점유하고
있다면, 그의 매도인에 대한 소유권이전등기
청구권은 시효소멸하지 않는다.

⑩ 소유권이전등기의무의 이행불능으로 인한 전보
배상청구권의 소멸시효는 이전등기의무가 이행
불능으로 된 때로부터 진행한다.

❶ 부동산 매도인의 매매대금청구권과 매수인의 소유권이전등기청구권은 서로 동시이행의 관계에 있으므로 매도인에게 동시이행의 항변권이 인정되는 한, 매매대금청구권의 소멸시효는 진행하지 않는다.

⑫ 시효의 진행 중 그 완성 전에 이루어진 채무의 일부변제는 특별한 사정이 없는 한, 채무승인 행위로서 시효중단사유에 해당한다.

⑬ 소멸시효가 완성된 채권이 그 완성 전에 상계할 수 있었던 것이면 그 채권자는 상계할 수 있다.

❶ 담보물권은 피담보채권과 독립하여 소멸시효에 걸린다.

⑮ 채무자가 소멸시효 완성 후에 채권자에게 채무를 승인함으로써 그 시효이익을 포기한 경우에는 그 때부터 새로이 소멸시효가 진행한다.

⑯ 천재 기타 사변으로 인하여 소멸시효를 중단할 수 없을 때에는 그 사유가 종료한 때로부터 1개월 내에는 시효가 완성되지 않는다.

❶ 소멸시효 완성 전이라도 시효의 이익을 미리 포기힐 수 있다.

❶⑧ 주채무의 소멸시효기간이 확정판결로 10년으로 연장된 경우, 단기인 보증채무의 소멸 시효기간도 10년으로 연장된다.

⑲ 재판상 청구는 소송이 각하된 경우에는 시효 중단의 효력이 없으나, 기각된 경우에는 시효 중단의 효력이 있다.

⑳ 주채무가 민사채무이고 보증채무는 상행위로 인한 것일 경우, 보증채무는 주채무에 따라 10년의 소멸시효에 걸린다.

㉑ 법원은 어떤 권리의 소멸시효기간이 얼마나 되는지를 직권으로 판단할 수 있다.

㉒ 연대채무자 중 한 사람에 대한 이행청구는 다른 연대채무자에 대하여도 시효중단의 효력이 있다.

㉓ 시효중단의 효력이 있는 승인에는 상대방의 권리에 관한 처분능력이나 권한이 있음을 요하지 않는다.

㉔ 부작위를 목적으로 하는 채권의 소멸시효는 위반행위를 한 때로부터 진행한다.

㉕ 부동산이 가압류된 뒤 강제경매절차에서 매각 되어 가압류등기가 말소된 경우, 특별한 사정이

없는 한 그 말소시점에 가압류에 의한
시효중단의 효력은 종료한다.

㉖ 소멸시효는 법률행위에 의하여 이를 배제, 연장
또는 가중할 수 없으나 이를 단축 또는 경감할
수 있다.

㉗ 주채무가 시효의 완성으로 소멸하면 부종성에
딸 보증채무의 시효도 소멸한다.

㉘ 3년의 소멸시효에 걸리는 채권이 판결에 의해
확정되면, 판결확정 후 10년이 경과함으로써
소멸시효가 완성한다.

㉙ 소멸시효의 완성은 그 기산일에 소급하여
효력이 있으나 제척기간의 완성은 장래에
향하여 효력이 있다.

따라서 위와 같은 경우에는, 교재의 <소멸시효> 부분
을 요약하여 해설로 옮기고, 해설에 포함된 내용은 기출
문제 지문 항목에서 하나씩 삭제해 나감으로써 전체 지
문 항목의 수를 줄이는 작업이 선행되어야 합니다. 최대
힌 지문 항목의 수를 줄인 후 하나의 단일화된 문제를
만들어 [해설] 앞부분에 위치시키면 됩니다.

다음은 위 8개의 기출문제를 상기 방법으로 정리한 후 최종적으로 하나의 단일화된 문제로 만든 결과입니다.

---

2. 소멸시효에 관한 설명으로 옳지 않은 것은?
   (다툼이 있으면 판례에 따름)

① 공동불법행위자 사이에 인정되는 구상권의 소멸시효는 구상권자가 공동면책행위를 한 때부터 진행한다.

② 특정물 매도인의 하자담보책임에 기한 매수인의 손해배상청구권은 특별한 사정이 없는 한, 그 목적물을 인도받은 때부터 소멸시효가 진행한다.

③ 매수인이 매매목적 부동산을 인도받아 점유하고 있다면, 그의 매도인에 대한 소유권이전등기청구권은 시효소멸하지 않는다.

④ 소유권이전등기의무의 이행불능으로 인한 전보배상청구권의 소멸시효는 이전등기의무가 이행불능으로 된 때로부터 진행한다.

⑤ 소멸시효가 완성된 채권이 그 완성 전에 상계할 수 있었던 것이면 그 채권자는 상계할 수 있다.

---

⑥ 소멸시효의 완성은 그 기산일에 소급하여
효력이 있으나 제척기간의 완성은 장래에
향하여 효력이 있다.

❼ 법원은 어떤 권리의 소멸시효기간이 얼마나
되는지를 직권으로 판단할 수 없다.

⑧ 부동산이 가압류된 뒤 강제경매절차에서 매각
되어 가압류등기가 말소된 경우, 특별한 사정이
없는 한 그 말소시점에 가압류에 의한
시효중단의 효력은 종료한다.

⑨ 주채무가 시효의 완성으로 소멸하면, 부종성
에 따라 보증채무의 시효도 당연히 소멸한다.

⑩ 담보물권은 피담보채권이 존속하는 한 독립하여
소멸시효에 걸리지 않는 것이 원칙이다.

[해설] 소멸시효 (민법)
1. 채권의 소멸시효는 10년. => 주채무가 민사채무이고
보증채무는 상행위로 인한 것일 때, 보증채무는
상사채권으로서 5년의 소멸시효에 걸린다.
ㅇ 채권 및 소유권이익의 재산권(지상권, 지역권 등)은 20년
ㅇ 이하는 3년의 단기소멸시효

1) 이자, 부양료, 급료, 사용료 기타 1년 이내의 기간
   으로 정한 금전 또는 물건의 지급을 목적으로 한 채권
2) 의사, 조산사, 간호사 및 약사의 치료, 근로 및
   조제에 관한 채권
3) 도급받은 자, 기사 기타 공사의 설계 또는 감독에
   종사하는 자의 공사에 관한 채권
4) 변호사, 변리사, 공증인, 공인회계사 및 법무사에
   대한 직무상 보관한 서류의 반환을 청구하는 채권
5) 변호사, 변리사, 공증인, 공인회계사 및 법무사의
   직무에 관한 채권
6) 생산자 및 상인이 판매한 생산물 및 상품의 대가
7) 수공업자 및 제조자의 업무에 관한 채권
○ 이하는 1년의 단기소멸시효
1) 여관, 음식점, 대석, 오락장의 숙박료, 음식료,
   대석료, 입장료, 소비물의 대가 및 체당금의 채권
2) 의복, 침구, 장구 기타 동산의 사용료의 채권
3) 노역인, 연예인의 임금 및 그에 공급한 물건의 대금채권
4) 학생 및 수업자의 교육, 의식 및 유숙에 관한 교주,
   숙주, 교사의 채권
○ 판결 또는 판결과 동일한 효력이 있는 파산 확정채권

이나 재판상의 화해, 조정 등은 단기소멸시효에 해당
하더라도 그 소멸시효는 10년으로 한다.

　　=> 주채무의 소멸시효기간이 확정판결로 10년으로
　　　연장된 경우, 단기인 보증채무의 소멸시효기간은
　　　여전히 종전의 소멸시효기간을 따른다.

2. 소멸시효는 권리를 행사할 수 있는 때로부터 진행한다.

　　=> 제147조 ① 정지조건 있는 법률행위는 조건이 성취
　　　한 때로부터 그 효력이 생긴다. -> 정지조건부
　　　권리는 조건성취 시부터 소멸시효가 진행한다.

　　=> 확정 기한부 채권 : 기한이 시작하는 때부터 소멸
　　　시효 기산 (동시이행 항변권이 붙은 채권이라
　　　해도 이행기부터 소멸시효가 진행. 항변권은
　　　채권 만족을 위한 노력이 아님)

　　=> 당사자가 본래의 소멸시효 기산일과 다른 기산일을
　　　주장하는 경우, 법원은 변론주의의 원칙상
　　　당사자가 주장하는 기산일을 기준으로 소멸
　　　시효를 계산하여야 한다.

　　=> 채권자가 선택권자인 선택채권은 선택권을 행사할
　　　수 있는 때부터 소멸시효가 진행한다.

　○ 부작위를 목적으로 하는 채권의 소멸시효는
　　위반행위를 한 때로부터 진행한다.

3. 소멸시효는 그 기산일에 소급하여 효력이 생긴다.

4. 소멸시효는 다음 3가지 사유로 인해 중단된다.

  1) 청구 => 연대채무자 중 1인에 대한 이행청구는 다른
           연대채무자에 대하여도 시효중단 효력이 있다.

         => 재판상 청구는 소송의 각하, 기각 또는 취하
           의 경우엔 시효중단 효력이 없다. 단, 6월내에
           재판상의 청구, 파산절차참가, 압류 또는 가압류,
           가처분을 한 때엔 시효는 최초의 재판상청구로
           인해 중단된 것으로 본다.

  2) 압류 또는 가압류, 가처분

  3) 승인 => 채무의 일부 변제는 채무 전체에 대한 승인.

5. 시효중단의 당사자 및 그 승계인 간에만 효력이 있다.

6. 파산절차참가는 채권자가 이를 취소하거나 그 청구가
   각하된 때에는 시효중단의 효력이 없다.

7. 지급명령은 채권자가 법정기간내에 가집행신청을 하지
   않아 그 효력을 잃은 때엔 시효중단의 효력이 없다.

8. 화해를 위한 소환은 상대방이 출석하지 아니 하거나 화해
   가 성립되지 아니한 때, 임의출석의 경우에는 화해가
   성립되지 아니한 때, 1월내에 소를 제기하지 아니
   하면 시효중단의 효력이 없다.

9. 최고는 6월내에 재판상의 청구, 파산절차참가, 화해를 위한 소환, 임의출석, 압류 또는 가압류, 가처분을 하지 아니 하면 시효중단의 효력이 없다.

10. 압류, 가압류 및 가처분은 권리자의 청구에 의하여 또는 법률의 규정에 따르지 아니함으로 인하여 취소된 때에는 시효중단의 효력이 없다.

11. 압류, 가압류 및 가처분은 시효의 이익을 받은 자에 대하여 하지 아니한 때에는 이를 그에게 통지한 후가 아니면 시효중단의 효력이 없다.

12. 시효중단의 효력있는 승인에는 상대방의 권리에 관한 처분의 능력이나 권한있음을 요하지 아니한다.

13. 시효가 중단된 때엔 중단까지에 경과한 시효기간은 이를 산입하지 아니하고 중단사유가 종료한 때로부터 새로이 진행. => 채무자가 소멸시효 완성 후 채권자에게 채무를 승인함으로써 그 시효이익을 포기한 경우엔 그 때부터 새로이 소멸시효가 진행한다.

◆ 재판상의 청구로 인하여 중단한 시효는 전항의 규정에 의하여 재판이 확정된 때로부터 새로이 진행한다.

14. 소멸시효의 기간만료 전 6개월 내에 제한능력자에게

법정대리인이 없으면 그가 능력자가 되거나 법정대리인이 취임한 때부터 6개월 내에는 시효가 완성되지 아니한다.

15. 재산을 관리하는 부, 모 또는 후견인에 대한 제한능력자의 권리는 그가 능력자가 되거나 후임 법정대리인이 취임한 때부터 6개월 내엔 소멸시효가 완성되지 아니한다.

◆ 부부 중 한쪽이 다른 쪽에 대해 가지는 권리는 혼인관계 종료 시부터 6개월 내엔 소멸시효가 완성되지 않는다.

16. 상속재산에 속한 권리나 상속재산에 대한 권리는 상속인의 확정, 관리인의 선임 또는 파산선고가 있는 때로부터 6월내에는 소멸시효가 완성하지 아니한다.

17. 천재 기타 사변으로 인해 소멸시효를 중단할 수 없을 때엔 그 사유가 종료한 때로부터 1월내엔 시효가 완성하지 않는다. => 1월 이후 남은 시효기간이 다시 진행.

18. 주된 권리의 소멸시효 완성효력은 종속된 권리에도 미침.

19. 소멸시효의 이익은 미리 포기하지 못한다.

◆ 소멸시효는 법률행위에 의하여 이를 배제, 연장 또는 가중할 수 없으나 이를 단축 또는 경감할 수 있다.

위와 같이 유사문제가 7~8개에 이를 정도로 많은 경우는 드문 경우이고, 필수적으로 재출제될 것이 거의 명

확하므로, 하나의 단일화된 문제이지만 예외적으로 A4 용지 2장 정도를 할애하여 상세히 정리해서 학습도구로 활용하면 큰 도움이 될 것입니다.

하지만, 위와 같은 예외적인 경우 외에는, 유사문제들을 통합하고 단일화할 때 좀 길어지더라도 가능한 한 A4 용지 1장으로 편집을 끝내면 편리합니다. A4 용지 2장은 아무래도 휴대하거나 학습하기에 불편하므로 어떻게든 A4 용지 1장 안에 모든 내용이 삽입되도록 하는 것이 좋습니다.

글자를 작게 쓰든지 여백을 잘 활용하든지, 그래도 안 되면 화살표로 후면에도 내용이 있음을 표시한 후 종이 뒷면에 남은 내용을 기록하든지 하여 어떻게든 1장에 소화하면 편리합니다. 뒷면까지 기록하는 경우는 아주 드물게 발생하므로 충분히 감내할 수 있을 것입니다.

10

완성된 단일문제 사례

제 10 장 완성된 단일문제 사례

완성된 단일문제 사례는 신용관리사 채권일반 과목의 유사기출문제를 통합한 것들 중 하나입니다. 3 문제를 하나로 단일화한 후에, 부연설명(해설)을 학습자가 자신의 취향에 맞게 추가한 것인데, 손으로 가필한 2 경우와 전산으로 편집한 1 경우를 차례대로 소개해보겠습니다.

참고로 수작업으로 가필한 2 경우는 사진으로 찍은 자료를 그대로 삽입했습니다.

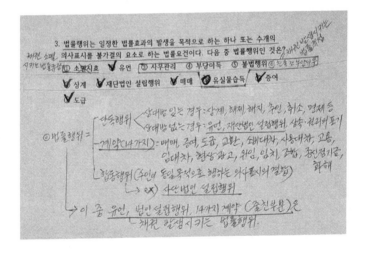

두 번째 사례는 첫 번째보다 문제 자체에 가필을 많이 한 경우로서, 모든 법률행위를 지문 항목으로 추가한 경우입니다.

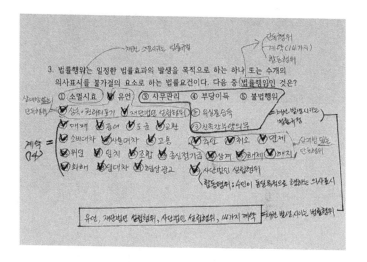

마지막으로, 아래한글로 작성한 단일문제는 편집과정을 거쳤기 때문에 지문 항목의 나열이 조금 다르고, 전체적으로 깔끔합니다. 그리고 해설도 하단에 상세하게 잘 달아 내용도 더 풍부해 보입니다.

3. 법률행위는 일정한 법률효과의 발생을 목적으로
   하는 하나 또는 수개의 의사표시를 불가결의 요소
   로 하는 법률요건이다. 다음 중 법률행위인 것은?
   ① 소멸시효   ❷ 유언
   ③ 사무관리   ❹ 재단법인 설립행위
   ⑤ 불법행위   ❻ 상계
   ⑦ 부당이득   ❽ 매매
   ⑨ 유실물습득   ❿ 증여
   ⑪ 도급

[해설] 위 소멸시효는 시효 완성 후 채권 소멸시키는 법률
      규정. 정답 외 4 가지는 채권 발생시키는 법률규정.
Ⅰ. 법률행위 (단독행위, 계약, 합동행위)
1. 단독행위(상대방 동의·승낙 없이 일방의 의사표시로 성립)
 (1) 상대방 있는 단독행위 : 상계, 해제, 해지, 추인, 취소, 면제 등
 (2) 상대방 없는 단독행위 : 유언, 재단법인 설립, 상속·권리의 포기
2. 계약 (14가지) : 증여, 매매, 교환, 소비대차, 사용
                대차, 임대차, 고용, 도급, 현상광고,
                위임, 임치, 조합, 종신정기금, 화해
3. 합동행위 : 수인이 공동으로 동일목적을 향해 행하는 의사

표시의 결합에 의해 성립 (사단법인 설립행위)

Ⅱ. 법률의 규정에 의한 채권의 발생
 1. 채권법 : 사무관리 (의무없이 타인 사무 처리 시 비용 청구),
            부당이득 (원인없이 이익 얻고 손해 끼친 경우),
            불법행위 (고의 또는 과실로 위법행위·손해 유발)
 2. 유실물법 : 유실물의 습득에 따른 보상금
 3. 가족법 : 친족간 부양의무
 => 위 내용 중 밑줄친 부분이 채권을 발생시키는 원인!

  다음은 유사문제이긴 하지만, 묻는 방식이 다음과 같
이 상이한 경우입니다.

---

9. 다음 중 3년의 단기소멸시효에 해당하는 것들만
   모두 고르면 몇 개인가? [2020년 신용관리사 기출]

---

7. 다음 중 3년간 행사하지 아니하면 소멸시효가
   완성되는 권리로 옳지 않은 것은?
   (민법 제163조에 따름) [2017년 신용관리사 기출]

위 경우는, ㄱ, ㄴ ··· 순으로 고를 수 있는 예시 항목이 나열되어 있더라도, 학습 목적에 맞게 번호 순으로 변형할 수도 있고, 이하의 완성된 단일문제 사례와 같이 그대로 오려 붙여 통합한 후 가필하여 사용하면 됩니다.

9. 다음 중 3년의 단기소멸시효에 해당하는 것들만 모두 고르면 ~~몇 개인가?~~

ㄱ. 여관, 음식점, 대석, 오락장의 숙박료, 음식료, 대석료, 입장료, 소비물의 대가 및 체당금의 채권 *1년*

ㄴ. 이자, 부양료, 급료, 사용료 기타 1년이내의 기간으로 정한 금전 또는 물건의 지급을 목적으로 한 채권 *3년*

ㄷ. 의복, 침구, 장구 기타 동산의 사용료의 채권 *1년*

ㄹ. 도급 받은 자, 기사 기타 공사의 설계 또는 감독에 종사하는 자의 공사에 관한 채권 *3년*

ㅁ. 노역인, 연예인의 임금 및 그에 공급한 물건의 대금채권 *1년*

ㅂ. 생산자 및 상인이 판매한 생산물 및 상품의 대가 *3년*

ㅅ. 학생 및 수업자의 교육, 의식 및 유숙에 관한 교주, 숙주, 교사의 채권 *1년*

ㅇ. 수공업자 및 제조자의 업무에 관한 채권 *3년*

③ 금융기관의 대출금 채권 *10년 (지상권, 지역권, 전세권 등과 같은 소유권 이외의 재산권은 20년)*

④ 판결 또는 판결과 동일한 효력이 있는 파산 확정채권이나 재판상의 화해, 조정 등은 단기의 소멸시효에 해당한 것이라도 그 소멸시효는 *10년*

⑤ 의사, 조산사, 간호사 및 약사의 치료, 근로 및 조제에 관한 채권 *3년*

⑥ 변호사, 변리사, 공증인, 공인회계사 및 법무사의 직무에 관한 채권 *3년*

⑦ 보관한 서류의 반환을 청구하는 채권 *3년* 에 대한 직무상

이하는 전산 편집으로 ㄱ, ㄴ ··· 순으로 된 것을
번호 순으로 바꾸고, 부연설명을 추가한 경우입니다.

4. 다음 중 3년간 행사하지 아니하면 소멸시효가
   완성되는 권리로 옳지 않은 것은?
   ❶ 여관, 음식점, 대석, 오락장의 숙박료, 음식료, 대
     석료, 입장료, 소비물의 대가 및 체당금의 채권
   ② 이자, 부양료, 급료, 사용료 기타 1년이내의
     기간으로 정한 금전 또는 물건의 지급을 목적
     으로 한 채권
   ❸ 의복, 침구, 장구 기타 동산의 사용료의 채권
   ④ 도급 받은 자, 기사 기타 공사의 설계 또는
     감독에 종사하는 자의 공사에 관한 채권
   ❺ 노역인, 연예인의 임금 및 그에 공급한 물건의
     대금채권
   ⑥ 생산자 및 상인이 판매한 생산물 및 상품의 대가
   ❼ 학생 및 수업자의 교육, 의식 및 유숙에 관한
     교주, 숙주, 교사의 채권
   ⑧ 수공업자 및 제조자의 업무에 관한 채권
   ❾ 금융기관의 대출금 채권

[해설] 위 지문 중 ①, ③, ⑤, ⑦은 소멸시효 1년이며, ⑨는 대여금 채권이므로 소멸시효가 10년입니다.

한편, 채권 및 소유권이외의 재산권(지상권, 지역권 등)은 소멸시효가 20년이고, 위 ②, ④, ⑥, ⑧ 외에도 아래 3 가지는 소멸시효가 3년입니다.

 (1) 의사, 조산사, 간호사 및 약사의 치료, 근로 및 조제에 관한 채권
 (2) 변호사, 변리사, 공증인, 공인회계사 및 법무사에 대한 직무상 보관한 서류의 반환을 청구하는 채권
 (3) 변호사, 변리사, 공증인, 공인회계사 및 법무사의 직무에 관한 채권

그리고, 판결 또는 판결과 동일한 효력이 있는 파산 확정채권이나 재판상의 화해, 조정 등은 단기의 소멸시효에 해당한 것이라도 그 소멸시효는 10년으로 합니다.

이상에서 예시한 완성된 단일문제 사례들을 보면 그렇게 어려워 보이는 작업이 아님은 분명합니다. 하지만 비록 단순 작업이지만 교재에서 해당 자료를 찾고 기출문제를 출력하고 가위로 오리고 A4 용지에 붙이고 가필하

는 일이 단순 반복적으로 일어나기 때문에 합격에 대한 강한 기대감과 자신감과 도전의식이 없으면 나태의 유혹을 이기기 어려울 수도 있습니다.

그리고 또 한 가지 주의할 것은 너무 잘 만들려고 하지 말아야 합니다. 사람은 무언가를 만들면 본능적으로 잘 만들려고 하는 경향이 있습니다. 그렇지만 본서에서 추천하는 자료는 한번 공부하고 시험 합격 후에는 버릴 자료이므로 너무 보기 좋게 잘 만들려고 애쓸 필요가 없다는 것입니다. 자신에게 맞게 실용적으로 편리하게 활용하는 도구로서의 용도에 적합하게만 만들면 됩니다.

11

자료 완성 후 학습법

제 11 장 자료 완성 후 학습법

무엇이든 처음에 정석으로 제대로 배워야 합니다. 컴퓨터 자판 두드리는 것도 처음부터 정석으로 배우지 않으면 3~4 손가락만 사용하는 독수리 타법이 됩니다. 독수리 타법으로는 10 손가락을 사용하여 정석으로 타이핑하는 사람들을 따라 잡을 수 없고, 오타도 많을 뿐만 아니라 10 손가락으로 힘이 분산되지 않고 주로 사용하는 3~4 손가락에만 힘이 과하게 집중되므로 손가락 통증으로 이어지기도 합니다. 그것은 다시 팔목 근육에 무리를 주게 됩니다.

당구든 탁구든 수영이든 배드민턴이든 운동도 그 종류가 무엇이든 처음부터 정석으로 배워야 제대로 실력을 키울 수 있습니다.

심지어 글씨 쓰는 법도 처음에 정석으로 제대로 배우지 못하고 나중에 글씨 교정을 위해 다시 정석으로 배우게 되면 힘은 힘대로 들고 효과는 상대적으로 느리게 나타나는 언짢은 경험을 감수해야만 합니다.

하지만, 자격증 시험을 효율적으로 잘 준비하여 가장

경제적으로 취득하는 방법에 대해서는 정석으로 배우려고 하는 사람이 없고, 또 아직껏 가르치는 사람도 없는 것 같습니다.

합격점수와 과락 기준이 정해져 있고, 매년 주기적으로 실시되어 기출문제가 누적되어 있으며, 자격을 취득하는 수준까지 어느 정도 아우트라인(outline)이 있는 시험이라면, 당연히 그에 맞는 공통된 학습법이 있을 만도 한데 아직껏 시도하는 사람도 없었고, 관심을 가지는 사람도 없었습니다.

그냥 기존 방법대로 열심히 공부하여 자격시험에 도전하는 정도였습니다. 만일, 지름길이 있다면, 당연히 그 지름길로 가는 것이 지혜로운 선택일 것입니다.

요즘은 어디서나 방법을 배우는데 열심입니다. 공부 잘하는 방법, 글씨 잘 쓰는 방법, 책 잘 읽는 방법, 스피치 잘하는 방법, 논문 잘 쓰는 방법, 대학입시전략 잘 짜는 방법, 집중력 향상시키는 방법, 영어공부 잘 하는 방법 등등 수도 없이 많습니다.

왜 그럴까요? 예전에는 무턱대고 열심히만 하면 어떻게든 결과를 얻을 수 있었는데, 요즘은 누구나 바쁩니다. 아이도 바쁘고, 어른도 바쁩니다. 그런 바쁜 와중에 또 추가적으로 무언가를 계속 배우고 자격을 취득하지 않으면 살아남기 힘듭니다. 그래서 효율성 있는 방법을 추구하고 성능 높은 도구를 활용하려고 하는 것입니다.

다행히 자격시험은 출제 방향이 미리 공지되고, 기출문제도 공개되어 해가 갈수록 누적되므로 유용한 학습자료로 활용하기가 쉽습니다.

일종의 문제은행 역할을 기출문제가 해주는 것인데, 유독 우리나라에서는 문제은행 방식의 시험이나 학습법이 폄하되는 경향이 있습니다. 문제의 적립은 곧 지식의 적립인데, 왜 환대를 받지 못하는 것일까요? 선진국들은 대개 문제은행식 학습을 하고 또 평가도 문제은행식으로 많이 합니다. 그렇다고 그들의 선진성이 후퇴하여 후진국으로 추락해 가는 것도 아닙니다.

아무튼, 문제은행식 학습법이 자격시험 준비에 유용하다면 지금부터라도 잘 활용하면 됩니다. 특별히 시간에 쫓기듯 바쁘게 살아가면서 자격증까지 취득해야 하는 분들이라면 더더욱 그렇습니다.

일단, 7장에서 9장까지 소개한 기출문제 가공과정을

잘 실행하여 단일화된 문제들로 구성된 자료집을 만들었다면, 이제는 그 자료를 가지고 실제로 공부를 해야 하는 단계입니다. 만(滿) 1개월 중 절반 정도의 시간이 이미 학습자료 가공과정에 소요되었으므로, 이제 남은 절반의 시간은 오로지 몰입하여 공부하는 데에만 투자해야 합니다.

크게 3단계로 나누어 실행하면 효과적인데, 가볍게 반복적으로 읽는 단계, 2회 정독하는 단계, 최종 다지기 단계가 그것입니다.

우선, 내용을 알든 모르든 가볍게 3회 정도 쭉 읽어나가면 반복학습 효과가 생기고, 학습자료 가공과정에서 이미 익숙해져 있는 내용들이므로 그냥 쭉 읽기만 하여도 기억 속에 남는 것들이 꽤나 될 것입니다.

중요한 것은 처음부터 스트레스 받으면서 끙끙대면서 암기하지 않는다는 것입니다. 가벼운 마음으로 3회독 하라는 것입니다. 대신에, 시간과 장소를 불문하고 틈만 있으면 꺼내 읽으므로, 가능한 한 가장 짧은 시간 안에 3회독을 끝내라는 것입니다. 아무리 지체되더라도 1주일을 넘기면 안됩니다.

음식도 입안에 오래 씹으면 단맛이 나듯이 공부도 기꺼운 마음으로 반복해서 읽으면 자신도 모르게 이해되는 효과가 발생합니다. 그래서 세 번째 읽을 때는 완전히 이해가 되었다 싶은 문제들도 가끔씩 눈에 띕니다. 그럴 때는 과감하게 가위(X) 표시를 하여 학습량을 줄여야 합니다.

다음으로, 정독 단계인데, 이 때에는 진짜로 고3 수험생처럼 집중해서 머리 싸매고 최대한 이해하려고 노력하며 숙지하며 암기하며 연습장에 기록도 해가며 소위 열심히 공부한다는 방식으로 해야 합니다.

물론, 이미 소화되어 제외된 문제들도 있겠지만, 이러한 정독 과정을 2회 반복한 후에는 전체 단일화 문제 중 최소한 절반 정도는 거의 완전히 이해되는 단계에 가 있을 것입니다. 아마 거의 2주 정도는 소요될 것입니다. 물론, 이 단계에서도 과감하게 가위(X) 표시를 해나가야 합니다.

마지막 남은 기간은 최종 다지기 단계인데, 이 기간에는 전시상황으로 가야 합니다. 휴가를 낼 수 있는 경우라면 휴가를 최대한 내고 집중하면 더 좋습니다. 휴가를 낼 수 없더라도 모든 신경을 자격시험에만 두고 집중해야 합니다.

남들은 1년 동안 학원도 다니는데, 그까짓 1주일을 미친 듯이 몰입하지 못할 이유는 없을 것입니다. 아무리 못해도 5회독은 할 수 있는데 정독하듯이 할 필요는 없습니다.

3회독까지는 가위(X) 표시한 문제를 제외한 부분만 보는 선택적 읽기를 하면 됩니다. 하지만 마지막 2회독은 모든 문제를 읽어야 좋습니다. 왜냐하면, 초기 단계에서 가위(X) 표시한 문제들이 그 사이 기억에서 희미해져 있을 수 있기 때문입니다. 만일을 위한 대비 차원에서 모든 문제를 쭉쭉 읽어나가는 것이 좋습니다.

막상 시험장에서 어떤 문제를 만났는데, 분명히 아는 문제로 여기고 있었는데, 정답을 고르려고 하니까 애매모호하여 애를 먹은 경험들이 있을 것입니다. 마지막 단계에서 다지기를 못해서 생기는 현상들입니다.

최종 다지기는 끝까지 다지는 것이 좋습니다. 마지막 순간까지 다지기를 계속하지 않고 멈추는 순간 다시 튀어 올라오는 현상이 어디서나 발생합니다.

그러므로 시험이 끝나는 그 순간까지 다지기를 한다는 마음가짐으로 계속해야 합니다. 시험 당일 지하철에서 1회독한 내용 중 어떤 부분은 바로 정답으로 연결될 수도 있습니다. 따라서 시험 당일 마지막 시험시간까지 다지기를 한다고 보면 됩니다.

"뭐, 시험 당일까지 공부를 꼭 해야 하나?" 하는 분들도 있지만, 그 마지막 날까지 공부했더라면 합격했을 것이 분명한데, 그렇게 하지 못해서 한두 문제 차이로 실패한 분들도 있기 때문입니다.

어차피 고생하는 것, 마지막 순간까지 최선을 다해 보는 것이 현명하고, 더군다나 만(滿) 1개월이라는 짧은 기간에 도전하는 시험이라면 더더욱 사력을 다해 보는 것이 마땅할 것입니다.

끝으로, 단일화 문제 중 지문 항목이 너무 길고 또 그 수도 많아 혼란스러울 때는 하단에 일목요연하게 잘 정리된 [해설]부터 읽고, 그 후 다시 문제와 지문 항목들을 읽는 방법이 이해력을 높이는 데 도움이 될 것입니다.

12

단기학습과 실무능력의 상관성

제 12 장 단기학습과 실무능력의 상관성

자격시험은 주로 이론적 지식에 대한 테스트라고 할 수 있습니다. 실습과목이 수반되는 자격증의 경우도 가장 초보적인 실무능력을 테스트하는 정도에 불과합니다. 진정한 실무능력은 사실 이론적 지식과는 차이가 상당히 많이 납니다.

아주 짧은 기간 공부하고 자격증을 취득했다면, 과연 실무에서 잘할 수 있을까 의구심이 들 수도 있습니다. 하지만, 그 반대의 질문도 가능합니다. 장기간 공부하고 겨우 자격증을 취득했다면 그 사람은 실무에서 기량을 잘 발휘할 수 있을까요?

결론은 둘 다 부질없는 의구심이요 질문이라는 것입니다. 왜냐하면, 어차피 학생들은 그리고 누구나 시험 이후에는 공부한 내용을 거의 다 망각합니다. 심지어 사법고시생들도 그러합니다. 사법연수원에서 다시 공부합니다. 그렇듯이 대학입시도 대개는 그러합니다. 그러므로 단기 압축 학습을 통한 합격이든 장기 학습을 통한 합격이든 대부분 그 지식을 표면적으로는 거의 다 망각하게 됩니다.

다만, 그 지식의 기본적인 틀은 그의 잠재의식 속에 내재되어 필요할 때에는 언제든지 다시 소환될 수 있고, 그 틀 안에서 교재나 다른 참고자료들을 보면서 실무에 응용할 수 있게 됩니다. 소위 지적 감각을 금방 되살릴 수 있다는 뜻입니다.

또 어차피 실무에서는 별도로 실무에 맞는 구체적인 지식을 따로 습득해야 합니다. 그래서 기업에 들어가 보면, 소위 SKY라고 불리는 명문대 출신이나 지방대 출신이나 똑같이 연수원에서 재교육을 받고 실무에 투입되며, 실무에서도 선배들로부터 일정 기간 OJT(On the Job Training)를 예외 없이 받습니다.

장기간 별로 성장하지도 않던 아이가 어느 날 갑자기 단기간에 훌쩍 커버리는 경우가 있습니다. 일종의 압축성장입니다. 만(滿) 1개월의 단기학습으로 자격시험에 합격할 정도로 어떤 분야의 이론적 지식을 습득하는 것도 압축성장과 유사합니다.

책만 붙들고 공부를 하는 둥 마는 둥 시간만 낭비하며 상기긴 매달려도 효과가 없는 사례가 얼마나 많습니까? 하지만 기출문제 중심으로 단기간 선택과 집중의 방법으로 압축학습을 하는 경우는 오히려 단기간에 압축성장하는 아이와 같이 실질적인 이론 지식이 배양되는 것입니다. 그것도 어떤 분야에서 가장 필수적으로 요구되는 표준적인 지식이 단기간에 습득되는 것입니다.

그 외 관련 지식은 책을 통해 또는 실무를 통해 자연스럽게 터득될 수 있는 수준에 불과하고 남들도 대부분 모르는 지식이므로 걱정하지 않아도 됩니다.

그리고 자격증으로 취업을 한다든가 개업을 하더라도 어떻게 자격증을 취득했느냐고 몇 개월 만에 합격했느냐고 묻는 사람은 그 어디에도 없습니다.

<마지막 당부의 말씀>

(1) 할 수만 있으면 선행학습을 하시기 바랍니다. 자격시험 시행공고가 늦어도 시험일 90일 전까지는 공고되므로 만(滿) 1개월 작전에 돌입하기 전 최소 1개월 이상의 여유가 있습니다. 민법 같은 법률 과목이 포함된 자격증 시험이라면 유튜브 같은 데서 무료로 제공하는 강의도 많으므로, 토막강의를 주제별로 검색해 재미있게 들어두면 도움이 됩니다. 범위가 민법총칙으로 제한되는 경우

가 많으므로 부지런만 떨면 1개월 동안 중요한 개념에 대해서는 한 번씩 다 들을 수도 있습니다.

그리고 법률 과목이 아니더라도 여러 시험과목 중 조금 어렵게 느껴진다거나 생소한 개념이 많이 담긴 과목이라면 사전에 토막강의를 유튜브를 활용해 들어주면 많은 도움이 됩니다.

뿐만 아니라, 어떤 자격증 시험이든 너무 어렵게 느껴지는 과목이 꼭 한두 과목 정도는 포함되어 있기 마련인데, 대부분의 사람들은 그것 때문에 도전할 엄두를 못냅니다. 하지만, 도전하는 사람들은 그 한두 과목을 제외한 조금 만만해 보이는 여러 과목들 때문에 감히 도전할 용기를 냅니다. 관점의 차이이지요.

민법 같은 법률 과목은 전공자가 아니라면 당연히 어렵게 느껴지는 과목입니다. 그렇다고 그런 과목들 때문에 도전을 포기해서는 안 됩니다. 전략적으로 접근하면 됩니다. 그런 과목은 최선을 다해 공부하되 목표는 과락을 면하는 수준으로 낮게 잡고, 그 대신 기타 과목에서 조금 더 점수를 높이면 평균 60점 이상으로 합격할 수 있습니다.

(2) 본서의 목적은 누구나 1개월 만(滿)에 모든 자격증 시험에 합격할 수 있음을 장담하는 것이 아닙니다. 시간이 바쁘고 비용도 부담스러워 자격증 시험을 미루거나 포기하는 분들에게 도전 용기를 심어주고 지혜로운 방법으로 만(滿) 1개월 동안 최선을 다하면 최저 비용으로 웬만한 자격증은 취득할 수 있으므로 겁먹지 말고 도전하라는 격려와 동기를 부여하기 위한 것이 이 책의 일차적인 목적입니다.

"어디 1개월 만(滿)에 자격증을 따나 못 따나 어디 한번 보자." 하면서 테스트해 보라는 취지가 결코 아닙니다. 이 책의 논지와 논거를 합리적으로 이해하시고 취지에 맞게 적용하시길 당부드립니다.

(3) 마지막으로 아무리 좋은 방법도 실행에 옮기지 않으면 공염불이 되고 맙니다. 정말 1개월 만(滿)에 가능할까 하는 의구심으로 고개를 갸우뚱하며 차일피일 미루거나 망설이다가 시기를 놓치지 마시고, 일단 해보자. 올해 안되면 내년에 한 번 더 하면 되겠지. 그러니까 올해는 일단 최선을 다해 이 방법을 실행해 보자. 하는 마음

으로 망설이지 말고 도전하시기 바랍니다.

제 경험상 이 책을 읽고도 많은 분들이 망설이다가 시기를 놓칠 가능성이 많습니다. 그래서 저자로서의 노파심과 안타까움으로 이렇게 당부의 말씀을 드리는 것입니다. 망설이면 망설일수록 그만큼 출발이 늦어지고 합격도 늦어진다는 사실을 잊지 마시기 바랍니다.

Epilogue

< 에필로그 >

연휴는 저에게 늘 새로운 기회를 제공하는 것 같습니다. 특히나, 올해는 코로나19 감염병 확산으로 민족의 대명절 설날이지만 고향에도 못 가게 되어 무언가 시간을 유익하게 채울 새로운 프로젝트 같은 것이 필요하던 차였습니다.

곰곰이 생각해 보니 연휴 동안 집중해서 몰입할 수 있는 일이란 언젠가부터 꼭 정리하고 싶었던 특정 주제에 대한 원고를 정리하는 일이 제일 바람직해 보였습니다.

30년 이상 직장생활을 해오면서 회사나 개인의 필요에 의해 다수의 자격증을 취득해 본 경험이 있는데, 언제부턴가 그 경험을 잘 정리해서 공유하면 많은 독자들에게 도움을 드릴 수 있겠다는 느낌이 들어서 적당한 집필 기회만 엿보고 있었습니다.

다행히 이번 설 연휴 기간 안에 최소한의 기동만 하면서 마음먹은 대로 원고를 완성할 수 있어서 너무 가뿐하고 행복합니다.

아무쪼록 독자들께서 그 어떤 목적으로 추구하는 자격

증이든 본서에서 소개하는 방법을 잘 응용하고 또 본인에게 맞게 더 보완해 잘 활용함으로써 가장 경제적인 방법으로 모두 합격의 기쁨을 누리시길 간절히 바랍니다.

제가 기출문제를 가장 유용한 도구로 소개하는 이유는 다년간의 기출문제들을 모아서 유심히 비교/분석해 보는 과정에서 일정한 출제 패턴이 있음을 알았고, 문제화될 만한 주제 역시 한정되어 있다는 사실도 발견했기 때문입니다.

간혹 완전히 새로운 문제도 보이긴 하지만 결단코 합격을 좌우할 정도로 많지 않음도 알게 되었습니다. 심지어, 4지 택일형의 경우는 6~7년 전 기출문제가 자구 하나 달라진 것 없이 그대로 출제되는 경우도 드물게 있습니다. 아마도 기출문제를 공부할 때 대개는 최근 3~4년치 자료까지만 보기 때문에 그 이전 문제를 그대로 슬쩍 출제하는지도 모르겠습니다.

아무튼, 공부하는 분들은 늘 잘 외워지지 않아서 고민이라고 문의해 오는 경우가 많습니다. 왜 그럴까요?

첫째는, 너무 외울 분량이 많기 때문입니다. 학습분량이 적으면 불안해 하는 분들도 있습니다. 하지만 시험결과는 학습분량과 반드시 비례하는 것은 아닙니다. 불필요한 부분을 잔뜩 쌓아놓고 외운다고 결과가 좋아지는 것은 아닙니다. 분량이 적어도 꼭 필요한 내용이라면 유효하고 결과에도 바로 영향을 미치게 됩니다. 그래서 필자는 기출문제로 학습 분량을 최소화시키라는 것입니다.

둘째는, 잘 외울 수 있는 문장 구성이 부족하기 때문입니다. 잘 외울 수 있는 문장은 단문 위주여야 하고 간단명료해야 하는데, 기출문제만큼 간단명료한 문장은 별로 없습니다. 대체로 교재들은 긴 문장과 복잡한 내용들로 가득합니다. 그래서 이해하기가 어려워 보이는 것입니다.

셋째는, 학습방법이 억지스러워서 학습효과가 떨어지는 경우도 있습니다. <묻고 답하는 방식>의 학습법으로 공부하면 더 효과적인데도 굳이 전통적으로 해 오던 자신만의 방법을 고집하는 경우도 있습니다. 문답식 학습 도구로 가장 유용한 것이 기출문제입니다.

마지막으로, 스스로 핑계거리를 만들어 놓는 경우도 있습니다. 가장 대표적인 것이 나이 탓하는 것입니다. 나이가 많으니까 당연히 기억능력도 떨어졌을 것이라고 스스로 합리화시키는 경우가 너무나도 많습니다.

하지만 인간은 평생 두뇌의 3% 정도만 사용한다고 합니다. 뛰어난 일부 위인들도 3%보다 약간 더 두뇌를 사용할 뿐이라고 합니다. 결국 범인들은 97% 정도의 뇌를 사용도 못 해보고 삶을 마감한다고 합니다. 뿐만 아니라 인간의 두뇌는 후천적으로도 발달한다고 합니다.

따라서, 자기 자신에 대한 긍정적인 인식, 할 수 있다는 자신감, 나이에 상관없이 새로운 꿈을 다시 설계하는 놀라운 도전 의식이 필요합니다.

남녀노소 지위고하를 불문하고 모든 사람은 마지막 눈을 감는 그 순간까지 꿈을 꾸며 살아갈 권리가 있습니다. 꿈을 통해 행복을 느끼고 즐거움과 보람을 느낄 권리가 있습니다. 스스로 그런 권리를 포기하지 마시기 바랍니다. 그리고 기필코 꿈을 성취하는 기쁨을 모든 독자분들이 꼭 맛보시길 기원드립니다.

2021. 2. 15일 밤

새벽을 기다리는 어둠의 갈망을 느끼면서 저자

저 자 소 개

o 대학에서 신학, 영문학, 경영학, 법학, 경제학 등을 전공하며, 통섭의 시대가 요구하는 다양한 분야의 학문적 기초 지식을 쌓았다.

o ㈜kt에 입사해 장기간 회계실무에 종사했으며, 늦은 나이에 대학원에 진학하여 지천명에 이르러 회계학 전공으로 박사학위를 취득하였다.

o 그 후 한국방송통신대학교 튜터, 출석수업강사, 숭실대학교 초빙교수로 학생들에게 회계학을 강의하였다.

o 지금은 (주)에듀윌 원격평생교육원의 교강사로 활동하며, 어떻게 하면 회계학을 처음 접하는 분들이 더 쉽게 회계지식을 이해하고 습득하도록 도울 수 있을까, 그리고 회계학이 더 대중에게 활용도 있게 다가가고 응용될 수 있을까 연구하며 관련 서적 집필에 열중하고 있다.

o 주요 저서로는 처음부터 기출문제로 공부하는 회계원리(상), 처음부터 기출문제로 공부하는 회계원리(하), 관리회계에서 배우는 투자비법 등이 있다.

초판 1쇄 인쇄 2021년 4월 10일
초판 1쇄 발행 2021년 4월 19일

저자 조용생
펴낸곳 비티타임즈
발행자번호 959406
주소 전북 전주시 서신동 780-2 3층
대표전화 063 277 3557
팩스 063 277 3558
이메일 bpj3558@naver.com
ISBN 979-11-6345-252-2 (13320)

이 도서의 국립중앙도서관 출판예정도서목록(CIP)은 서지정보
유통지원시스템홈페이지(http://seoji.nl.go.kr)와국가자료공동
목록시스템 (http://www.nl.go.kr/kolisnet)에서 이용하실 수
있습니다.